公孫龍子今註今譯

中華文化復興運動推行委員會（國家文化總會）
國立編譯館中華叢書編審委員會 主編

陳癸淼註譯

臺灣商務印書館

永恆的經典，智慧的泉源

馬英九（總統暨前文化總會會長）

中國傳統經典是民族智慧與經驗的結晶。在五千年的歷史中，這些典籍經歷戰亂的傷害，飽受文革的摧殘，然而書中蘊含的哲理，不只啟迪世世代代的炎黃子孫，且遠播於東亞及世界各國。如今學習國學經典同在兩岸盛行，並非偶然，反映這些古籍的價值跨越了時空，對二十一世紀兩岸人民，依然發揮積極的引導作用。

古人從小開始的經典教育，對一個孩子建立正確的人生觀，有非常重要的意義。而古文最迷人的地方，正在於它能將博大精深的知識，凝煉為言簡意賅的文字；將複雜的人生經驗，濃縮為一語道破的智慧。而這些修身、齊家、治國、平天下的理念，即使經過千百年的時空變遷，仍能與現代生活相結合。

我念小學二年級的時候，跟著在石門水庫任職的母親住在桃園龍潭。民國四十七年的臺灣，沒有電視可看，也沒有電晶體收音機可聽。晚上沒事，媽媽常常燈下課子，教我念古文。啟蒙的第一課是《左傳》的〈鄭伯克段於鄢〉，其中我記得最牢的一句話，就是鄭莊公對他從小被母親寵壞、長大後又驕縱謀反的弟弟共叔段所作的評語：「多行不義必自斃，子姑待之。」這句話我一直作為自惕與觀人的警語。放在今天的臺灣與世界的時空中，不也是很適用嗎？

上高中後，父親常常以晚清名臣曾國藩的家訓「唯天下至誠能勝天下至偽，唯天下至拙能勝天下至巧」來訓勉我。當初覺得陳義過高，似乎不切實際，但年紀愈大，閱歷愈多，愈覺得有道理。「尚誠尚拙、去偽去巧」的理念，也成為我為人處事的哲學。

民國八十年（一九九一）十二月，聯合國大會通過決議，要求各國全面禁止漁民在海洋使用「流刺網」（driftnet）捕魚，以免因為網目太小，造成大小通吃而使漁源枯竭。讀過《孟子》梁惠王篇的人，一定會覺得這個國際規範似曾相識。這位兩千多年前的亞聖不早就說過「數罟不入洿池，魚鱉不可勝食也」嗎？我不能不承認，孟子的保育觀念，實在非常先進。同樣的，他對齊宣王所說大小諸侯之間交往的原則，也可適用到今天的兩岸關係：「惟仁者為能以大事小……惟智者為能以小事大……以大事小者，樂天者也，以小事大者，畏天者也。樂天者，保天下；畏天者，保其國。」兩岸真能照辦，臺海還會不和平繁榮嗎？

民國九十五年（二〇〇六）十月，臺灣被貪腐的烏雲籠罩，民怨沸騰，當時總統府前廣場群眾豎起兩層樓高的海報標語，上面寫的就是「禮義廉恥」四個大字。二十一世紀臺灣街頭群眾運動的訴求，居然是二千五百多年前春秋時代齊國宰相管仲的名言，這是民主化後的臺灣，人生觀與價值觀的回歸，同時也是古典智慧的再現！

國家文化總會的前身是「中華文化復興運動推行委員會」（文復會），四十多年前曾與國立編譯館、臺灣商務印書館邀集國內多位國學大師共同出版《古籍今註今譯》系列，各界評價甚高，一時洛陽紙貴。如今重新刊印，邀我作序，實不敢當，忝為會長，礙難不從。謹在此分享一些讀經的親身感受，並期待古典文化的智慧，就像在歷史長河中的一盞明燈，繼續照亮中華民族的未來。

在時間的長河中

楊渡
（文化總會祕書長）

時間是殘酷的，因為它會淘洗去所有的肉體與外在，虛華與偽飾。所有的慶典，權柄和武器，都有寂寞、生鏽、消逝的一天。

時間是溫柔的，因為它也留存了文明的光。唐朝沒有了宮殿，卻為我們留下李白和李商隱的詩句。長安的美麗，不是存在於西安，而是存在於詩句裡。

所有的政治風暴都會消逝，所有的權力都會轉移，所有的歷史，都見證著朝代的不斷更迭，才是進步的必然。然而到最後，什麼會留存下來？

文化總會的前身是「文化復興總會」，它是為了因應文化大革命對中國傳統文化的破壞，以「復興中華文化」為宗旨，而設立起來的。為了反制文革，總會特地請當時最好的學者，對四書、詩經、周易、老莊、春秋等進行今註今譯，以推廣典籍閱讀。當時聘請的學者，包括了南懷瑾、屈萬里、林尹、王夢鷗、史次耘、陳鼓應等，堪稱一時之選，連續出版了諸子百家的經典。這工作也持續了好幾年。

文化大革命的風暴過去之後，文復會性質慢慢改變，直到李登輝時代，它變成民間文化團體，舉辦一些文化活動。等到民進黨執政，由於去中國化，這些傳統文化的研究被忽略，束之高閣。然而，歷史多麼反諷，當文革過去，在經濟富裕後的現代大陸，由於缺少思想的指引，人們卻開始重讀古代典籍，而有諸子百家講堂與各種當代閱讀，古書今讀，竟成顯學。當年搞文革的卻已經悄悄的「復興中華文化」了。

反觀臺灣，這些由學養深厚的專家所寫的典籍今註今譯，卻因政治原因未受到重視。現在回頭看經典，細心體會古代的智慧，而不是用政治符號去切割知識典籍，我們才會開始懂得謙卑。歷史這樣長，而我們只是風中的塵埃。一如聖嚴法師所留下的偈：「無事忙中過，空裡有哭笑。」能留下的，只是無形的智慧，美麗的詩句，和千年的夢想。

當政治的風暴過去之後，什麼會留存下來？時間有多殘酷，我不知道。我只知道，中國傳統經典的生命，一定會生存得比政權更遠，更深，更厚。

我只知道，當古老的「禮義廉恥」，成為二十一世紀反貪腐抗議群眾運動的標語時，整個中華文明已經走向另一個階段。那是作為人的價值觀的百劫回歸，那是自信自省的開端。古老的，或許比現代更新、更有力，更象徵著數千年文明的總結。

而我們，只是千年文明裡的小小學生，仍在古老的經籍中，探詢著生命終極的意義，並且，尋找前行的力量。

《古籍今註今譯》總統推薦版序

中華文化精深博大，傳承頌讀，達數千年，源遠流長，影響深遠。當今之世，海內海外，莫不重新體認肯定固有傳統，中華文化歷久彌新、累積智慧的價值，更獲普世推崇。

語言的定義與運用，隨著時代的變動而轉化；古籍的價值與傳承，也須給予新的註釋與解析。商務印書館在先父王雲五先生的主持下，民國一〇年代曾經選譯註解數十種學生國學叢書，流傳至今。

臺灣商務印書館在臺成立六十餘年，繼承上海商務印書館傳統精神，以「宏揚文化、匡輔教育」為己任。五〇年代，王雲五先生自行政院副院長卸任，重新主持臺灣商務印書館，仍以「出版好書，匡輔教育」為宗旨。當時適逢國立編譯館中華叢書編審委員會編成《資治通鑑今註》（李宗侗、夏德儀等校註），委請臺灣商務印書館出版，全書十五冊，千餘萬言，一年之間，全部問世。

王雲五先生認為，「今註資治通鑑，雖較學生國學叢書已進一步，然因若干古籍，文義晦澀，今註之外，能有今譯，則相互為用，今註可明個別意義，今譯更有助於通達大體，寧非更進一步歟？」

因此，他於民國五十七年決定編纂「經部今註今譯」第一集十種，包括：詩經、尚書、周易、周禮、禮記、春秋左氏傳、大學、中庸、論語、孟子，後來又加上老子、莊子，共計十二種，改稱《古籍今註今譯》，參與註譯的學者，均為一時之選。

臺灣商務印書館以純民間企業的出版社，來肩負中華文化古籍的今註今譯工作，確實相當辛苦。中華文化復興運動總會（國家文化總會前身）成立後，一向由總統擔任會長，號召推動文化復興重任，素有成效。六〇年代，王雲五先生承蒙層峰賞識，委以重任，擔任文復會副會長。他乃將古籍今註今譯列入文復會工作計畫，廣邀文史學者碩彥，參與註解經典古籍的行列。文復會與國立編譯館中華叢書編審委員會攜手合作，列出四十二種古籍，除了已出版的第一批十二種是由王雲五先生主編外，文復會與國立編譯館主編的有二十一種，另有八種雖列入出版計畫，卻因各種因素沒有完稿出版。臺灣商務印書館另外約請學者註譯了九種，加上《資治通鑑今註》，共計出版古籍今註今譯四十三種。茲將書名及註譯者姓名臚列如下，以誌其盛：

序號	書名	註譯者	主編	初版時間
1	尚書	屈萬里	王雲五（臺灣商務印書館）	五八年九月
2	詩經	馬持盈	王雲五（臺灣商務印書館）	六〇年七月
3	周易	南懷瑾	王雲五（臺灣商務印書館）	六三年十二月
4	周禮	林尹	王雲五（臺灣商務印書館）	六一年九月
5	禮記	王夢鷗	王雲五（臺灣商務印書館）	七三年一月
6	春秋左氏傳	李宗侗	王雲五（臺灣商務印書館）	六〇年一月
7	大學	楊亮功	王雲五（臺灣商務印書館）	六六年二月
8	中庸	楊亮功	王雲五（臺灣商務印書館）	六六年二月
9	論語	毛子水	王雲五（臺灣商務印書館）	六四年十月
10	孟子	史次耘	王雲五（臺灣商務印書館）	六二年二月
11	老子	陳鼓應	王雲五（臺灣商務印書館）	五九年五月

12	莊子	陳鼓應	王雲五（臺灣商務印書館）	六四年十二月
13	大戴禮記	高明	文復會、國立編譯館	六四年四月
14	春秋公羊傳	李宗侗	文復會、國立編譯館	六二年五月
15	春秋穀梁傳	薛安勤	臺灣商務印書館	八三年八月
16	韓詩外傳	賴炎元	文復會、國立編譯館	六一年九月
17	孝經	黃得時	文復會、國立編譯館	六一年七月
18	列女傳	張敬	文復會、國立編譯館	八三年六月
19	新序	盧元駿	文復會、國立編譯館	六四年四月
20	說苑	盧元駿	文復會、國立編譯館	六六年二月
21	墨子	李漁叔	文復會、國立編譯館	六三年五月
22	荀子	熊公哲	文復會、國立編譯館	六四年九月
23	韓非子	邵增樺	文復會、國立編譯館	七一年九月
24	管子	李勉	文復會、國立編譯館	七七年七月
25	孫子	魏汝霖	文復會、國立編譯館	六一年八月
26	史記	馬持盈	文復會、國立編譯館	六八年七月
27	商君書	賀凌虛	文復會、國立編譯館	七六年三月
28	太公六韜	徐培根	文復會、國立編譯館	六五年二月
29	黃石公三略	魏汝霖	文復會、國立編譯館	六四年六月
30	司馬法	劉仲平	文復會、國立編譯館	六四年十一月
31	尉繚子	劉仲平	文復會、國立編譯館	六四年十一月
32	吳子	傅紹傑	文復會、國立編譯館	六五年四月
33	唐太宗李衛公問對	曾振	文復會、國立編譯館	六四年九月
34	資治通鑑今註	李宗侗等	國立編譯館	五五年十月
35	春秋繁露	賴炎元	文復會、國立編譯館	七三年五月

36	公孫龍子	陳癸淼	文復會、國立編譯館	七五年一月
37	晏子春秋	王更生	文復會、國立編譯館	七六年八月
38	呂氏春秋	林品石	文復會、國立編譯館	七四年二月
39	黃帝四經	陳鼓應	臺灣商務印書館	八四年六月
40	人物志	陳喬楚	文復會、國立編譯館	八五年十二月
41	近思錄、大學問	古清美	文復會、國立編譯館	八九年九月
42	抱朴子內篇	陳飛龍	文復會、國立編譯館	九〇年一月
43	抱朴子外篇	陳飛龍	文復會、國立編譯館	九一年一月
44	四書（合訂本）	楊亮功等	王雲五（臺灣商務印書館）	六八年四月

已列計畫而未出版：

序號	書名	譯註者	主編	
1	國語	張以仁	文復會、國立編譯館	
2	戰國策	程發軔	文復會、國立編譯館	
3	淮南子	于大成	文復會、國立編譯館	
4	論衡	阮廷焯	文復會、國立編譯館	
5	楚辭	楊向時	文復會、國立編譯館	
6	文心雕龍	余培林	文復會、國立編譯館	
7	說文解字	趙友培	國立編譯館	
8	世說新語	楊向時	國立編譯館	

民國七十年，文復會秘書長陳奇祿先生、國立編譯館與臺灣商務印書館再度合作，將當時已出版的二十九種古籍今註今譯，商請原註譯學者和適當人選重加修訂再版，使整套古籍今註今譯更加完善。

九十八年春，國家文化總會秘書長楊渡先生，約請臺灣商務印書館總編輯方鵬程研商，計議重新編輯出版《古籍今註今譯》，懇請總統會長撰寫序言予以推薦，並繼續約聘學者註譯古籍，協助青年學子與國人閱讀古籍，重新體認固有傳統與智慧，推廣發揚中華文化。

臺灣商務印書館經過詳細規劃後，決定與國家文化總會、國立編譯館再度合作，重新編印《古籍今註今譯》，首批十二冊，以儒家文化四書五經為主，在今年十一月十二日中華文化復興節出版，以後每三個月出版一批，將來並在適當時機推出電子版本，使青年學子與海內外想要了解中華文化的人士，有適當的版本可研讀。二十一世紀必將是中華文化復興的新時代，讓我們共同努力。

臺灣商務印書館董事長王學哲謹序　民國九十八年九月

編纂古籍今註今譯序

古籍今註今譯，由余歷經嘗試，認為有其必要，特於中華文化復興運動推行委員會成立伊始，研議工作計畫時，余鄭重建議，幸承採納，經於工作計畫中加入此一項目，並交由學術研究出版促進委員會主辦。茲當會中主編之古籍第一種出版有日，特舉述其要旨。

由於語言文字習俗之演變，古代文字原為通俗者，在今日頗多不可解。以故，讀古書者，尤以在具有數千年文化之我國中，往往苦其文義之難通。余為協助現代青年對古書之閱讀，在距今四十餘年前，曾為商務印書館創編學生國學叢書數十種，其凡例如左：

一、中學以上國文功課，重在課外閱讀，自力攻求；教師則為之指導焉耳。惟重篇巨帙，釋解紛繁，得失互見，將使學生披沙而得金，貫散以成統，殊非時力所許；是有需乎經過整理之書篇矣。該館鑒此，遂有學生國學叢書之輯。

二、本叢書所收，均重要著作，略舉大凡；經部如詩、禮、春秋；史部如史、漢、五代；子部如莊、孟、荀、韓，並皆列入；文辭則上溯漢、魏，下迄五代；詩歌則陶、謝、李、杜，均有單本；詞則多采五代、兩宋；曲則擷取元、明大家；傳奇、小說，亦選其英。

三、諸書選輯各篇，以足以表見其書、其作家之思想精神，文學技術者為準；其無關宏旨者，概從刪削。所選之篇類不省節，以免割裂之病。

四、諸書均為分段落，作句讀，以便省覽。

五、諸書均有註釋；古籍異釋紛如，即采其較長者。

六、諸書較為罕見之字，均注音切，並附注音字母，以便諷誦。

七、諸書卷首，均有新序，述作者生平，本書概要。凡所以示學生研究門徑者，不厭其詳。

然而此一叢書，僅各選輯全書之若干片段，猶之嘗其一臠，而未窺全豹。及民國五十三年，余謝政後重主該館，適國立編譯館有今註資治通鑑之編纂，甫出版三冊，以經費及流通兩方面，均有借助於出版家之必要。商之於余，以其係就全書詳註，足以彌補余四十年前編纂學生國學叢書之闕，遂予接受；甫歲餘，而全書十有五冊，千餘萬言，已全部問世矣。

余又以今註資治通鑑，雖較學生國學叢書已進一步；然因若干古籍，文義晦澀，今註以外，能有今譯，則相互為用；今註可明個別意義，今譯更有助於通達大體，寧非更進一步歟？

幾經考慮，乃於五十六年秋決定為商務印書館編纂經部今註今譯第一集十種，其凡例如左：

一、經部今註今譯第一集，暫定十種，如左。

㈠詩經、㈡尚書、㈢周易、㈣周禮、㈤禮記、㈥春秋左氏傳、㈦大學、㈧中庸、㈨論語、㈩孟子。

二、今註仿資治通鑑今註體例，除對單字詞語詳加註釋外，地名必註今名，年份兼註西元；衣冠文物莫不詳釋，必要時並附古今比較地圖與衣冠文物圖案。

三、全書白文約五十萬言，今註假定占白文百分之七十，今譯等於白文百分之一百三十，合計白文連註譯約為一百五十餘萬言。

四、各書按其分量及難易，分別定期於半年內繳清全稿。

五、各書除付稿費外，倘銷數超過二千部者，所有超出之部數，均加送版稅百分之十。

以上經部要籍雖經一一約定專家執筆，惟蹉跎數年，已交稿者僅五種，已出版者僅四種，而每種字數均超過原計畫，有至數倍者，足見所聘專家無不敬恭將事，求備求全，以致遲遲殺青。嗣又加入老子莊子二書，其範圍超出經籍以外，遂易稱古籍今註今譯，老子一種亦經出版。

至於文復會之學術研究出版促進委員會根據工作計畫，更選定第一期應行今註今譯之古籍約三十種，經史子無不在內，除商務印書館已先後擔任經部十種及子部二種外，餘則徵求各出版家分別擔任。深盼羣起共鳴，一集告成，二集繼之，則於復興中華文化，定有相當貢獻。

惟是洽商結果，共鳴者鮮。文復會谷祕書長岐山先生對此工作極為重視，特就會中所籌少數經費，撥出數十萬元，並得國立編譯館劉館長泛弛先生贊助，允任稿費之一部分，統由該委員會分約專家，就此三十種古籍中，除商務印書館已任十二種外，一一得人擔任，計由文復會與國譯館共同負擔者十有七種，由國譯館獨任者一種。於是第一期之三十種古籍，莫不有人負責矣。嗣又經文復會決定，委由商務印書館統一印行。惟盼執筆諸先生於講學研究之餘，儘先撰述，俾一二年內，全部三十種得以陸續出版，則造福於讀書界者誠不淺矣。

文復會副會長兼學術研究出版促進委員會

主任委員 王雲五 謹識 中華民國六十一年四月二十日

「古籍今註今譯」序

中華民國五十五年十一月十二日，國父百年誕辰，中山樓落成。蔣總統發表紀念文，倡導復興中華文化，全國景從。孫科、王雲五、孔德成、于斌諸先生等一千五百人建議，發起我中華文化復興運動，冀使中華文化復興並發揚光大。於是，海內外一致響應。復由政府及各界人士的共同策動，中華文化復興運動推行委員會於民國五十六年七月二十八日，正式成立，恭推蔣總統任會長，並請孫科、王雲五、陳立夫三先生任副會長，本人擔任祕書長。

文化的內涵極為廣泛，中華文化復興的工作，絕不是中華文化復興運動推行委員會一個機構的努力可以達成的，而是要各機關社團暨海內外每一個國民盡其全力來推動。但中華文化復興運動推行委員會，在整個中華文化復興工作中，負有策畫、協調、鼓勵與倡導的任務。八年多來，中華文化復興運動推行委員會，本著此項原則，在默默中做了許多工作，然而卻很少對外宣傳，因為我們所期望的，不是個人的事功，而是中華文化的光輝日益燦爛，普遍地照耀於全世界。

學術是文化中重要的一環，我國古代的學術名著很多，這些學術名著，蘊藏著中國人智慧與理想的精華，象徵著中華文化的精深與博大，也給予今日的中國人以榮譽和自信心。要復興中華文化，就應該讓今日的中國人能讀到而且讀懂這些學術名著，因此，中華文化復興運動推行委員會，在其推行計畫中，即列有「發動出版家編印今註今譯之古籍」一項，並曾請各出版機構對歷代學術名著，作有計畫的整理註譯。但由於此項工作浩大艱巨，一般出版界因限於人力、財力，難肩此重任，王雲五先生為中華文化復興運動推行委員會副會長，並兼任學術研究出版促進委員會主任委員，乃以臺灣商務印書館率先倡導，將尚書、詩經、周易等十二種古籍加以今註今譯。（稿費及印刷費用全由商務印書館自行負擔。）然而，歷代學術名著值得令人閱讀者實多，中華文化復興運動推行委員會，遂再與國立編譯館洽商，共同約請學者專家從事更多種古籍的今註今譯，所需經費由中華文化復興運動推行委員會與國立編譯館中華叢書編審委員會共同負責籌措，承蒙國立編譯館慨允合作，經決定將大戴禮記、公羊、穀梁等二十七種古籍，請學者專家進行註譯，國立編譯館並另負責註譯「說文解字」及「世說新語」兩種。於是前後計畫著手今註今譯的古籍，得達到四十一種之多，並已分別約定註譯者。其書目為：

古籍名稱	註譯者	主編者
尚書	屈萬里	王雲五先生（臺灣商務印書館）
詩經	馬持盈	王雲五先生（臺灣商務印書館）
周易	南懷瑾	王雲五先生（臺灣商務印書館）
周禮	林尹	王雲五先生（臺灣商務印書館）
禮記	王夢鷗	王雲五先生（臺灣商務印書館）
春秋左氏傳	李宗侗	王雲五先生（臺灣商務印書館）
大學	楊亮功	王雲五先生（臺灣商務印書館）
中庸	楊亮功	王雲五先生（臺灣商務印書館）
論語	毛子水	王雲五先生（臺灣商務印書館）

孟子	史次耘	王雲五先生（臺灣商務印書館）
老子	陳鼓應	王雲五先生（臺灣商務印書館）
莊子	陳鼓應	王雲五先生（臺灣商務印書館）
大戴禮記	高明	中華文化復興運動推行委員會、國立編譯館中華叢書編審委員會
公羊傳	李宗侗	中華文化復興運動推行委員會、國立編譯館中華叢書編審委員會
穀梁傳	周何	中華文化復興運動推行委員會、國立編譯館中華叢書編審委員會
韓詩外傳	賴炎元	中華文化復興運動推行委員會、國立編譯館中華叢書編審委員會
孝經	黃得時	中華文化復興運動推行委員會、國立編譯館中華叢書編審委員會
國語	張以仁	中華文化復興運動推行委員會、國立編譯館中華叢書編審委員會
戰國策	程發軔	中華文化復興運動推行委員會、國立編譯館中華叢書編審委員會
列女傳	張敬	中華文化復興運動推行委員會、國立編譯館中華叢書編審委員會
新序	盧元駿	中華文化復興運動推行委員會、國立編譯館中華叢書編審委員會
說苑	盧元駿	中華文化復興運動推行委員會、國立編譯館中華叢書編審委員會
墨子	李漁叔	中華文化復興運動推行委員會、國立編譯館中華叢書編審委員會
荀子	熊公哲	中華文化復興運動推行委員會、國立編譯館中華叢書編審委員會
韓非子	邵增樺	中華文化復興運動推行委員會、國立編譯館中華叢書編審委員會
管子	李勉	中華文化復興運動推行委員會、國立編譯館中華叢書編審委員會
淮南子	于大成	中華文化復興運動推行委員會、國立編譯館中華叢書編審委員會
孫子	魏汝霖	中華文化復興運動推行委員會、國立編譯館中華叢書編審委員會
論衡	阮廷焯	中華文化復興運動推行委員會、國立編譯館中華叢書編審委員會
史記	馬持盈	中華文化復興運動推行委員會、國立編譯館中華叢書編審委員會
楚辭	楊向時	中華文化復興運動推行委員會、國立編譯館中華叢書編審委員會
商君書	賀凌虛、張英琴	中華文化復興運動推行委員會、國立編譯館中華叢書編審委員會
太公六韜	徐培根	中華文化復興運動推行委員會、國立編譯館中華叢書編審委員會

黃石公三略	魏汝霖	中華文化復興運動推行委員會、國立編譯館中華叢書編審委員會
司馬法	劉仲平	中華文化復興運動推行委員會、國立編譯館中華叢書編審委員會
尉繚子	劉仲平	中華文化復興運動推行委員會、國立編譯館中華叢書編審委員會
吳子	傅紹傑	中華文化復興運動推行委員會、國立編譯館中華叢書編審委員會
唐太宗李衛公問對	曾振	中華文化復興運動推行委員會、國立編譯館中華叢書編審委員會
文心雕龍	余培林	中華文化復興運動推行委員會、國立編譯館中華叢書編審委員會
說文解字	趙友培	國立編譯館中華叢書編審委員會
世說新語	楊向時	國立編譯館中華叢書編審委員會

以上四十一種今註今譯古籍均由臺灣商務印書館肩負出版發行責任。當然，中國歷代學術名著，有待今註今譯者仍多。只是限於財力，一時難以立即進行，希望在這四十一種完成後，再繼續選擇其他古籍名著加以註譯。

古籍今註今譯的目的，在使國人對艱深難解的古籍能夠易讀易懂，因此，註譯均用淺近的語體文，希望國人能藉今註今譯的古籍，而對中國古代學術思想與文化，有正確與深刻的瞭解。

或許有人認為選擇古籍予以註譯，不過是保存固有文化，對其實用價值存有懷疑。但我們認為中華文化復興並非復古復舊，而在創新。任何「新」的思想（尤其是人文與社會科學方面）無不緣於「舊」的思想蛻變演進而來。所謂「溫故而知新」，不僅歷史學者要讀歷史文獻，化學家豈能不讀化學史與前人化學文獻？生物學家豈能不讀生物學史與前人生物學文獻？文學家豈能不讀文學史與古典文獻？讀史與讀前人的著作，正是吸取前人文化所遺留的經驗、智慧與思想，如能藉今註今譯的古籍，讓國人對固有文化有充分而正確的瞭解，增加對固有文化的信心，進而對固有文化注入新的精神，使中華文化成為世界上最受人仰慕的一種文化，那麼，中華文化的復興便可拭目以待，而倡導文化復興運動的目的也就達成了。所以，我們認為選擇古籍予以今註今譯的工作，對復興中華文化而言是正確而有深遠意義的。

今註今譯是一件不容易做的工作，我們所約請的註譯者都是學識豐富而且對其所註譯之書有深入研究的學者，他們從事註譯工作的態度也都相當嚴謹，有時為一字一句之考證、勘誤，參閱與該註譯之古籍有關書典達數十種之多者。其對中華文化負責之精神如此。我們真無限地感謝擔任註譯工作的先生們，為復興文化所作的貢獻。同時我們也感謝王雲五先生的鼎力支持，使這項艱巨的工作得以順利進行。中華文化復興運動推行委員會所屬學術研究出版促進委員會，對於這項工作的策畫、協調、聯繫所竭盡之心力，在整個中華文化復興運動的過程中，也必將留下不可磨滅的紀錄。

谷鳳翔 序於臺北市

中華民國六十四年八月十九日

「古籍今註今譯」續序

中國文化淵深博大，語其深，則源泉如淵；語其廣，則浩瀚無涯；語其久，則悠久無疆。上探宇宙之奧祕，下窮人事之百端。應乎天理，順乎人情。以天人為一體，以四海為一家。氣象豪邁，體大思精。一切研究發展，以人為中心，以實事求是為精神。不尚虛玄，力求實效。遂自然演成人文文化，為中國文化之可貴特徵。

文化的創造為生活，文化的應用在生活。離開生活就沒有文化。文化是個抽象的名詞，內而存於心，外而發於言，見於行。不知不覺自然流露，自然表現，所以稱之曰「化」。一言一默，一動一靜，無形中都受文化的影響。發於聲則為詩、為歌；見於行則為事；著於文則為典籍書冊，皆出於自然。聲可聞，事可見，但轉瞬消逝不復存。惟有著為典籍書冊者，既可行之遠，又能傳之久。後之人欲於耳目之外，上知古之人、古之事，則惟有求之於典籍，則典籍之於文化傳播，為惟一之憑藉。

中華民族明於理，重於情。人與人之間有相同的好惡，相同的感覺，相同的是非。因此，心與心相通，事與事相關，禍與福相共，甚至願望相求，知識、經驗、閱歷……等等，無一不想彼此相貫通、相交換、或相傳授。這是中國人特別著重的心理要求。大家一樣，這些心理要求，靠聲音、靠行動，都不能行之遠，傳之久。必欲達此目的，只有利用文字，著於典籍書冊了。書冊著成，心理要求達成了，自己的知識，經驗閱歷，乃至於情感、願望，一切藉文字傳出了。生命不朽，精神長存。可貴的中國文化，一代一代的寶貴經驗閱歷，皆可藉此傳播至無限遠，無窮久。因此，我認為中國古書即中國文化之結晶。

在讀者一面講，藉著典籍書冊，可與古人相交通，彼此心心相印，情感交流。最重要者應該說是文化的流傳，教訓的接納，成敗得失的鑒戒，都可由此得到收穫。我們要知道，文化是要積累進步的，不接受前人的經驗和寶貴的知識學問，後人即無法得到積累的進步。一代一代積累下去，文化才有無窮的創造和進步。因此，讀書，讀古人書，讀千錘百鍊而不磨滅的書，遂成青年人不可忽視的要務。

古今文字有演變，文學風格，文字訓詁也有許多改變。讀起來不免事倍功半。近年朝野致力於文化復興、文化建設，讀古書即成最先急務。為了便利閱讀，把一部一部古書用今日的語言，今人的解釋，整理編印起來，稱為今註今譯。

本會故前副會長王雲五先生在其所主持的臺灣商務印書館，首先選定古籍十二種，予以今註今譯。本會學術研究出版促進委員會與教育部國立編譯館中華叢書編審委員會繼續共同辦理古籍今註今譯的工作，註譯的古籍仍委請臺灣商務印書館印行。截至六十四年八月，連同王故前副會長主編註譯的古籍，已進行註譯者四十一種。近八年以來增加古籍今註今譯之書目如下：

古籍名稱	註譯者	主編者
春秋繁露	賴炎元	中華文化復興運動推行委員會、國立編譯館中華叢書編審委員會

潛夫論	劉兆祐	中華文化復興運動推行委員會、國立編譯館中華叢書編審委員會
新書	張蓓蓓	中華文化復興運動推行委員會、國立編譯館中華叢書編審委員會
晏子春秋	王更生	中華文化復興運動推行委員會、國立編譯館中華叢書編審委員會
公孫龍子	陳癸淼	中華文化復興運動推行委員會、國立編譯館中華叢書編審委員會
儀禮	章景明	中華文化復興運動推行委員會、國立編譯館中華叢書編審委員會
逸周書	黃沛榮	中華文化復興運動推行委員會、國立編譯館中華叢書編審委員會
陶庵夢憶	周咸清	中華文化復興運動推行委員會、國立編譯館中華叢書編審委員會
呂氏春秋	林品石	中華文化復興運動推行委員會、國立編譯館中華叢書編審委員會
顏氏家訓	黃得時	中華文化復興運動推行委員會、國立編譯館中華叢書編審委員會
爾雅	高明	中華文化復興運動推行委員會、國立編譯館中華叢書編審委員會
抱朴子	尤信雄	中華文化復興運動推行委員會、國立編譯館中華叢書編審委員會
校讎通義	喬衍琯	中華文化復興運動推行委員會、國立編譯館中華叢書編審委員會
文選	葉程義	中華文化復興運動推行委員會、國立編譯館中華叢書編審委員會
文史通義	黃俊郎	中華文化復興運動推行委員會、國立編譯館中華叢書編審委員會

增編以上十五種，共計已達五十六種。其中出版者二十九種（合計三十五冊），在註譯審查或排印中者二十七種，正分別洽催，希早日出書。此外，並進行約請學者註譯其他古籍。惟古籍整理的工作，極為繁重。因本會人力及財力，均屬有限，故在工作的進行與業務開展上，仍乞海內外學者專家及文化界人士，熱心參與，多多支持，並賜予指教。本會亦當排除萬難，竭誠勉力，以赴事功。

中華文化復興運動推行委員會祕書長**陳奇祿**謹序

民國七十三年元月十七日

凡例

一、本書旨在講明公孫龍子之章句，以發明其義理。

二、今存公孫龍子共六篇，其篇目依序為：跡府、白馬論、指物論、通變論、堅白論、名實論。後五篇之內容皆有其獨立完整之思想，故均詳加疏解。而〈跡府篇〉乃後人彙記公孫龍事蹟之文，本書既以闡發公孫龍之思想為旨歸，故於〈跡府篇〉，但有註譯而無疏解。

三、除跡府外，每篇皆分三部分：一、解題。二、原文今註今譯與疏解。三、餘論。

四、解題旨在說明該篇問題重心之所在，並提示把握全篇思想之線索，以便於原文之註解疏釋。

五、原文之今註今譯與疏解為全書重心之所在。公孫龍子之原文，過於簡略，義理深奧隱晦，亦不甚連貫暢順，只有「今譯」，尚不能把握其義蘊，故特別加以疏解，以闡發其精義。

六、餘論旨在對公孫龍子各篇之思想作一綜合性之評論。

目次

跡府

《公孫龍子》全書六篇，首篇原題跡府第一。謝希深注曰：「府，聚也。述作論事之跡，聚之於篇中，因以名篇。」王琯《公孫龍子懸解》云：「此言『跡府』，即記公孫事蹟之意。原文非龍自著，似由後人割裂羣書，薈萃而成。」由此可知本篇是後人記載公孫龍生平事蹟的傳略。

原文

公孫龍，六國時辯士也。疾名實之散亂，因資材之所長，為「守白」㊀之論。假物取譬，以「守白」辯㊁，謂白馬為非馬㊂也。白馬為非馬者：言白，所以名色；言馬，所以名形也。色非形，形非色也㊃。夫言色，則形不當與；言形，則色不宜從。今合以為物，非也㊄。如求白馬於廐中，無有，而有驪色之馬㊅；然不可以應有白馬也。不可以應有白馬，則所求之馬亡矣，亡則白馬竟非馬㊆。欲推是辯，以正名實，而化天下㊇焉。

【今註】 ㊀守白：堅持「白」之獨立性之意。俞樾曰：「守之言執守也，執白以求馬，是謂守白。」

㊁以守白辯：以守白的論點，提出辯論。徐復觀曰：「按『以守白辯』一語，最有意義。一般人對於『白』，不認其係有自性之獨立存在；推而至於其他之形、色、堅等，莫不皆然。公孫龍則堅持白、堅等皆為有自性之獨立存在，故可以相離。守白者，堅持白之獨立性之意；此乃公孫龍與當時各家辯論之最大主題。隋書經籍志，稱公孫龍子為守白論，成玄英莊子天下篇疏中謂『公孫龍著守白論』，皆由此處而來。」㊂白馬為非馬：白馬不是馬。此為公孫龍思想的主要內容之一，不但公孫龍自以為「白馬非馬」是他的主要學說，就是先秦諸子如：墨經、莊子、荀子、呂覽等，以及後來之學者，無論是引述或是批評公孫龍的，也都必定要提到「白馬非馬」這個問題。其內容詳見〈白馬論篇〉。

㊃色非形，形非色也：「非」字作「不等於」解。㊄合以為物，非也：將形象和顏色合為一物，是不正確的。譚戒甫曰：「白馬者色形合言也。蓋謂白馬為白，是『以色形為色』則不可，故言色則形不當與也。又謂白馬為馬，是『以色形為形』亦不可；故言形則色不宜從也。『色形』『白馬』本皆二事，今分言『為白』『為馬』，乃合二事以為一物，非也。」㊅驪色之馬：黑色之馬。㊆「如求白馬於廄中無有，而有驪色之馬；然不可以應有白馬也。不可以應有白馬，則所求之馬亡矣。亡則白馬竟非馬。」：此六句中前五句之文與第六句之文義不能一致。疑第一、三、四句中之白馬應是驪馬之誤。而第二句之驪馬，則應是白馬之誤。如此改過來，才能得出第六句之結論「亡則白馬竟非馬」。

㊇正名實而化天下：匡正名實的關係，用來教化天下。謝希深曰：「馬體不殊，黃白乃異。彼此相

推，是非混一。故以斯辯而正名實。」王琯曰：「末言欲推是辯，以正名實，深洞公孫龍造論之微。」

【今譯】公孫龍是六國時期善於辯論的人。他厭惡事物的名稱和實體之間的混雜錯亂，就憑著自身的天賦和才智所長，提出「守白」之論，假借實物來作譬喻，以「守白」的論點提出辯論，認為白馬不是馬。所以說白馬不是馬，乃因為白是用來指謂顏色的；馬是用來指謂形象的。顏色不等於形象，形象也不同於顏色。既然講顏色，就不應加上形象；講形象，就不該牽連顏色。現在把它們合為一物，是不正確的。就好比在馬廄中尋求黑馬，結果沒能找得到黑馬，而只找到白色的馬，如此就不可以說是有黑馬。既不可以說是有黑馬，那麼所尋求的馬就不存在了。在馬廄中只找到白馬，而沒有找到黑馬，就說沒有馬存在，這樣一來，豈不就成了白馬非馬了。他想推廣此種論辯，藉以匡正名實的關係，而教化天下。

原文

龍與孔穿㈠會趙平原君㈡家。穿曰：「素聞先生高誼，願為弟子久；但不取先生以白馬為非馬耳。請去此術，則穿請為弟子。」龍曰：「先生之言悖㈢！龍之所以為名者，乃以白馬之論爾。今使龍去之，則無以教焉。且欲師之者，以智與學不如也。今使龍去之，此先教而後師之也。先教而後師之者，悖。且白馬非馬，乃仲尼之所取㊃。龍聞楚王張繁弱㊄之弓，載忘歸㊅之矢，以射蛟兕於雲夢之圃。而喪其弓，左右請求之，王曰：『止！楚王遺弓㊆，楚人得之，又何求焉？』仲尼聞之曰：『楚王仁義而未遂㊇也。亦曰人亡弓，人得之而已，何必楚！』若此，仲尼異㊈楚人於所謂人。夫是仲尼異楚人於所謂人，而非龍異白馬於所謂馬㊉，悖。先生修儒術，而非仲尼之所取；欲學，而使龍去所教，則雖百龍，固不能當前矣。」孔穿無以應焉㊁。

【今註】㊀孔穿：字子高，孔子六代孫，屬於儒家。據張湛《列子・仲尼篇》注引《世紀》云：「公孫龍弟子也。」成玄英也分別在《莊子・齊物論》及秋水的疏中，提及孔穿是公孫龍的弟子。但是孔穿是否公孫龍的弟子，自〈跡府篇〉的內容來看，值得存疑。㊁平原君：名勝，在趙國諸公子中最賢，養賓客數千人。趙惠文王元年，封為平原君。㊂悖：背理。㊃且白馬非馬，乃仲尼之所取：「取」字作「認取」解。此句意謂孔子的「正名」與公孫龍以白馬非馬來「正名實」表面看來相同，因此公孫龍認為自己的白馬非馬之說，孔子理當贊同。㊄繁弱：亦稱「蕃弱」，是古代良弓之名。

《左傳》定公四年：「封父之繁弱。」又《荀子・性惡篇》：「繁弱鉅黍，古之良弓也。」⑥忘歸：箭名。⑦楚王遺弓：汪兆鏞曰：「『楚王遺弓』，陳澧本、說苑至公篇『王』並作『人』。」道藏本、守山閣本、墨海金壺本則作「王」。陳柱說：「陳仁錫本、辛從益本，亦均作『楚王』。」⑧未遂：不徹底。⑨異：區分。⑩是仲尼異楚人於所謂人，而非龍異白馬於所謂馬：意謂贊同孔子區分楚人和人，而反對公孫龍區分白馬和馬。王琯曰：「按人與楚人，以邏輯繩之：前為周延，後為不周延，兩辭之範圍不同。馬與白馬，義亦類是。是故仲尼異楚人於所謂人，公孫異白馬於所謂馬，二者命題，其式相侔，乃引以為比也。但孔子論旨，原本同仁大公之懷，泯除人與楚人界限，與公孫之審覈名實者，又自各別，此特取其論式相類耳。」⑪孔穿無以應焉：本段亦見《孔叢子・公孫龍篇》，惟詞句稍有不同。

【今譯】公孫龍和孔穿，在趙國平原君的家中相會。孔穿說：「我平時常聽到先生的道義高尚，老早就希望做你的弟子，只是不同意先生白馬不是馬的學說。請你放棄這種說法，則我孔穿願意做您的弟子。」公孫龍說：「先生的話說錯了！我之所以聞名，正是因為主張白馬非馬的學說。如今要我放棄，就沒有什麼能教你的。況且要拜人為師，是因為智識與學問不如別人。你今天要我放棄原本的學說，這是先來教導一個人然後再來拜他為師。先來教導一個人，然後再來拜他為師，實在荒謬。而且白馬非馬的學說，乃是孔子所贊同的。我聽說楚王曾拉開繁弱之弓，裝載忘歸之箭，在雲夢這個園圃之中狩獵蛟兕，不巧丟了弓。左右隨從自請去把它找回。楚王說：『免了！楚人丟的弓，終於會被楚人撿到，又何必找呢？』孔子聽到了，說：『楚王是有仁義的君王，但是不徹底。就說人丟了弓，被人撿到不就行了嗎？何必說楚人呢？』照這樣說，孔子是把楚人和所謂人區分開來。假使贊同孔子區別楚人和人的說法，卻反對我把白馬和馬區分開來，實在是荒謬。先生研究儒家學術，卻反對孔子所贊同的學說；打算向我學習，卻要我放棄我所能教的東西，這樣，即使有一百個我這樣的人，也在你面前發揮不了作用。」孔穿沒法回答。

原文

公孫龍，趙平原君之客也。孔穿，孔子之葉㈠也。穿與龍會，穿謂龍曰：「臣居魯㈡，側聞下風㈢，高先生之智，說㈣先生之行，願受業之日久矣，乃今得見。然所不取先生者，獨不取先生之以白馬為非馬耳。請去白馬非馬之學，穿請為弟子。」公孫龍曰：「先生之言，悖！龍之學，以白馬為非馬著㈤也。使龍去之，則龍無以教。無以教，而乃㈥學於龍也者，悖。且夫欲學於龍者，以智與學焉為不逮㈦也。今教龍去白馬非馬，是先教而後師之也。先教而後師之，不可[八]。先生之所以教龍者，似齊王之謂尹文也[九]。齊王之謂尹文曰：『寡人甚好士，以齊國無士何也？』尹文曰：『願聞大王之所謂士者。』齊王無以應。尹文曰：『今有人於此，事君則忠，事親則孝，交友則信，處鄉則順。有此四行，可謂士乎？』齊王曰：『善！此真吾所謂士也。』尹文曰：『王得此人，肯以為臣乎？』王曰：『所願而不可得也。』是時，齊王好勇，於是尹文曰：『使此人廣庭大眾之中，見侵侮而終不敢鬬，王將以為臣乎？』王曰：『鉅[一〇]士也，見侮而不鬬，辱也。辱，則寡人不以為臣矣。』尹文曰：『唯[一一]見辱而不鬬，未失其四行也。是人未失其四行，其所以為士也[一二]。然而王一以為臣，一不以為臣，則向[一三]之所謂士者，乃非士乎？』齊王無以應[一四]。尹文曰：『今有人君，將理其國，人有非，則非之。無非，則亦非之。有功，則賞之。無功，則亦賞之。而怨人之不理也，可乎[一五]？』齊王曰：『不可。』尹文曰：『臣竊觀下吏之理齊，其方若此矣[一六]。』王曰：『寡人理國，信若先生之言，人雖不理，寡人不敢怨也。意未至然與⑰？』尹文曰：『言之，敢無說⑱乎？王之令曰：殺人者死，傷人者刑。人有畏王之令者，見侮而終不敢鬬，是全王之令也。而王曰：見侮而不敢鬬者，辱也。謂之辱，非之也。無非，而王辱之，故因除籍不以為臣也。不以為臣者，罰之也。此無罪而王罰之也。且王辱不敢鬬者，必榮敢鬬者也。榮敢鬬者是而王是之⑲，必以為臣矣⑳。必以為臣者，賞之也。彼無功而王賞之㉑。王之所賞，吏之所誅㉒也。上之所是㉓，而法之所非也。賞罰是非，相與四謬㉔，雖十黃帝，不能理也。』齊王無以應焉。故龍以子之言有似齊王。子知難白馬之非馬，不知所以難之說。以此猶知好士之名，而不知察士之類㉕。」

【今註】①葉：世也。《詩・商頌・長發》：「昔在中葉。」傳：「世也。」〈陳奐傳〉疏：「葉從枼聲，枼從世聲，故葉世同訓。」「孔子之葉」，意謂：孔子的後人。②臣居魯：「臣」是孔穿謙稱自己。古人對平輩稱「臣」，猶如稱「僕」，是表示謙卑的意思。③側聞下風：「側」，伏也。《淮南子・原道》：「側谿谷之間。」「下風」，當風之下方。《左傳》僖十五年：「皇天后土，實聞君之言，羣臣敢在下風。」按此自謙處於風之下方，聽到先生之令譽。㊃說：同「悅」字。㊄以白馬為非馬著：譚戒甫曰：「案著，原誤作者，茲改正。著，即前龍之所以為名之意。」㊅乃：又也，竟也。㊆不逮：不及。㊇按以上故事，係記載公孫龍與孔穿相辯論，實與前段故事相同。以下一大段又見之於《孔叢子・公孫龍篇》，惟該書前人多疑其偽，聊備參考。㊈齊王之謂尹文：「齊王」，指齊宣王。尹文，是屬於名家的學者，《漢書・藝文志》著錄有〈尹文子〉一篇，班固並說：「說齊宣王，先公孫龍。」宣王之時，尹文與宋鈃、彭蒙、田駢同為遊學稷下之士。《呂氏春秋・正名篇》、《韓非子・內儲說》、《說苑》都曾記載尹文與齊宣王問答之事。⑩鉅：同「詎」，作「豈」字解。⑪唯：「唯」當作「雖」。《俞樾》曰：「按唯，當為雖。古書通用。呂氏春秋正名篇正作『雖見侮而不鬭』。」⑫其所以為士也：應作「是未失其所以為士也」。俞樾曰：「『其所以為士也』上，脫『是未失』三字，當據呂氏春秋補。」⑬向：以前。⑭齊王無以應：謝希深曰：「聖人之用士也，各因其材而用之，無所去取也。齊王以所好求士，亦如守白命馬，豈得士乎。」辛從益曰：「求士於勇，猶求馬於白也。」又說：「能全四行即為士，然四者不在形跡觀也。今泥勇以求，則失四行之真；猶泥白以求，並失馬之真矣。」⑮而怨人之不理也，可乎：譚戒甫說：「『理』字、『人』字，呂氏春秋作『治』作『民』，避唐諱也。」⑯其方若此矣：「方」，方法，方式。譚戒甫曰：「呂氏春秋無『其』字。」⑰意未至然與：「意」，私意揣想。「未至然」，未到如此地步。俞樾曰：「『意未至然與』，呂氏春秋作『意者未至然乎』。」⑱言之敢無說：意謂：既已批評齊國失政，敢不說明理由嗎？⑲榮敢鬬者是而王是之：俞樾曰：「『榮敢鬬者是而王是之』當作『榮敢鬬者是之也，無是而王是之。』」⑳必以為臣矣：陶鴻慶曰：「此句當作『榮敢鬬者無是，而王是之也，是之必以為臣矣。』」，文義方是。」㉑彼無功而王賞之：俞樾曰：「『彼無功而王賞之』，當作『此無功而王賞之也。』如此，則與上文相對矣。」㉒誅：罰。㉓上之所是：王琯曰：「『上』字，疑當作『王』，字體近而訛。」㉔相與四謬：「謬」作「牴觸謬誤」解。「相與四謬」指上述賞罰是非之互相牴觸，造成謬誤之情形。汪兆鏞曰：「『相與四謬』孔叢子作『曲謬』。道藏本、湖北本作『四謬』。」辛從益曰：「不辨名實，弊必至此。士有所以為士而不在乎形跡，猶之馬有所以為馬而不在乎黃白。如以跡求士而已，則將榮敢鬬者以為勇，不知犯令無忌亦敢鬬者為之也。且敢鬬者王之所榮，而畏法者亦王之所喜也。今榮敢鬬者而欲人之不畏法，是政令無常，是非顛倒也。所以然者，由於士之名實不辨也。故能知馬之所以為馬，而不泥乎白，則知士之所以為士，而不膠於形跡。然後名實審，政令一矣。」㉕不知察士之類：意謂：孔穿但知非難白馬非馬，不知自身之論據，好似齊王但知好士，卻無能甄別士人。辛從益曰：「士之類不一，皆士也。拘乎類以求之，則皆非士也。所以然者，由知好士之名，而不知察也。『不知所以難之說以此』言子所以難吾之說得不以此乎？是猶齊王之論士也。」

【今譯】公孫龍是趙國平原君的客人，孔穿是孔子的後人。孔穿和公孫龍相會，孔穿對公孫龍說：「我住在魯國，側身處在下風，聽到先生的令譽，敬佩先生的智慧，景仰先生的德行，老早就希望前來受教，到今天才能相見。但是不同意先生的地方，只是你白馬不是馬的學說。請你放棄白馬不是馬的學說，孔穿願做弟子。」公孫龍說：「先生的話說錯了！公孫龍的學說，正以白馬不是馬著名，假使要我放棄，就沒有什麼可以教你了。既沒有什麼可以教你，而你竟來向我求學，豈不荒謬。況且要向我求學，必是因為智識與學問不及我。你今天教我放棄白馬不是馬的學說，這是先來教我然後再拜我為師。先來教我，然後再拜我為師，是不可以的。先生教我的方式，很像齊宣王告訴尹文的那段話。齊王對尹文這麼說：『寡人很喜歡士人，但是齊國沒有士人，這是什麼緣故呢？』尹文說：『我很想知道大王心目中士人的標準是什麼？』齊王沒法回答。尹文說：『現在有個人，服事國君很忠誠，侍奉父母很孝順，結交朋友很有信用，和鄰里相處很和睦。有此四種德行，可以稱得上士人嗎？』齊王說：『成！這真是我所說的那種士人。』尹文說：『大王若得到這個人，願用他為臣嗎？』齊王說：『這是我所希望而求之不得的啊。』當時，齊王崇尚勇武。於是尹文說：『假使這個人在大庭廣眾之中被侵害侮辱而始終不敢起來搏鬪，大王仍將用他為臣嗎？』王說：『這樣哪算得上是個士人，被侮辱而不起來搏鬪，這是羞恥呀！甘於羞恥之人，寡人不用他為臣。』尹文說：『他雖然受辱而不起來搏鬪，可是並沒有喪失他的四種德行。此人未喪失他原有的四種德行，也就是說沒有喪失他成為士人的條件，他仍然是一個士人啊。但是大王一下子說要用他為臣，一下子說不用他為臣，那麼，剛才所說的士人，就不算做士人了？』齊王沒法回答。尹文說：『現在有個人君，打算治理他的國家，百姓有了過錯，就處罰他們；沒有過錯，也處罰他們。有功勞，就獎賞他們；沒有功勞也獎賞他們。

卻抱怨百姓不好治理，說得過去嗎？』齊王說：『說不過去。』尹文說：『我私下觀察低層官吏的治理齊國，使用的方式就和這種情形很類似。』齊王說：『寡人治理國事，真如先生所說，那麼百姓治理不好，寡人不敢有怨言。只不過我想還不至於到這個地步吧?!』尹文說：『既然我已批評到齊國失政了，敢不說明理由嗎？大王的法令規定：殺人的處死，傷人的判刑。有的人畏懼大王的法令，也就被侮辱也始終不敢起來搏鬪，正是遵守大王的法令呀。而大王卻說：受到侮辱而不敢起來搏鬪，這是羞恥。以為羞恥，就是認為這樣做是錯誤的。原本沒錯，而大王卻認為錯，因而勾消他的名字，不用他為臣。不用他為臣，便是處罰。這是無罪而受到大王的處罰。而且大王羞辱不敢搏鬪的人，必定讚揚敢於搏鬪的人。贊揚敢於搏鬪的人，這就是表示大王認為他對。大王既然認為他對，必然會用他為臣了。必然會用他為臣，就是奬賞他，這是無功而受到大王的奬賞。而大王所奬賞的，正是官吏所誅罰的。大王所認為對的，恰是法令所定為錯的。賞罰是非，互相牴觸，造成四種謬誤情形，雖有十個黃帝出來，也治理不了。』齊王沒法回答。所以我認為先生的論調好像齊王。先生只知道反對白馬非馬，卻不知道所以反對的論據是什麼。這就好像齊王但知好士，卻無能甄別真正的士人一般。」

白馬論

解題

「白馬非馬」是公孫龍的重要主張之一。《公孫龍子・跡府》云：「龍之所以為名者，乃以白馬之論耳。……龍之學，以白馬為非馬者也。使龍去之，則龍無以教。」不但公孫龍自以為「白馬非馬」是他的重要主張，就是先秦諸子，如墨經、莊子、荀子、呂覽等，以及後來的學者，無論引述或是批評公孫龍，也必定要提「白馬非馬」這個問題。關於這個問題，〈跡府〉中只是約略一提，詳細內容則見諸〈白馬論〉。

〈白馬論〉的主要內容在討論「白馬非馬」這一命題的真假性。依公孫龍之意：「白馬」非「馬」；而在文中與公孫龍辯論的論難者（以下簡稱難者）則以為：「白馬」是「馬」，雙方各持己見反覆辯論下去。從表面看來「白馬非馬」與「白馬是馬」是一組相互矛盾的命題。此是則彼非，彼是則此非，二者絕對不能同真。但是進一步分析他們所爭辯的內容以及立論的依據，則可發現實際上雙方的立論是可以同真的，彼此並不矛盾。而雙方之所以仍然爭辯不休，彼此不能相容，主要的癥結在於：一、雙方立論的根據不一致。二、雙方對於「白馬非馬」的「非」字以及「白馬是馬」的「是」字，在字義上有著不同的認取。如果對此癥結不能加以釐清，就無法如實地瞭解白馬論之內容，因此，在此先將此辯論之所以形成，加以辨明。

「白馬」是不是「馬」的辯論，簡言之，是一個名實問題。公孫龍是從「名」上言「白馬非馬」，而難者則自「實」上言「白馬是馬」。更具體地說：公孫龍是從概念的內容與外延上言「白馬」非「馬」。公孫龍在〈名實論〉上說：「夫名，實謂也。」「實謂」即「實之謂」或「謂實」之意。「名」既用以論謂或指謂「實」，那麼這個「名」亦即理則學上所謂的「概念」。每一概念皆有其所以為概念的「意義」，此意義即概念的「內容」。而概念的「外延」則指的是此概念所應用的範圍，或概念所應用的全體分子而言。譬如：「人是理性的動物」這一定義中，「人」是概念，而「理性的動物」則是「人」這個概念的內容。「人」——理性的動物——這一個概念可以應用在張三、李四、王五……等人身上，而張三、李四、王五……等所有「理性的動物」全體分子的總和，就是人這個概念的外延。概念的內容與外延恰成一反比例的關係。內容增多則外延變狹，內容減少則外延相對增廣。就以「人是理性的動物」這一命題而言，理性的動物是「人」這個概念的內容，它可以應用到全人類，這是它的外延。而「中國人是具有中國國籍的人」這一命題中，「中國人」這一概念的內容比前述「人」這個概念的內容多了「具有中國國籍」之特性，內容是增加了，但是外延卻變狹了，因為「中國人」這一個概念只能包容「具有中國國籍」的人，而不能像「人」那樣包容全人類。因之，從概念的內容與外延上說，「中國人」不等於「人」。公孫龍便是從類似的觀點上說「白馬」非「馬」。

至於難者則是從「物實」或「物類」上言「白馬」是「馬」。因為白馬只是在「馬」上加了「白色的」這樣一個謂詞而已，它仍然是屬於馬類的一分子。一個人總不能指著一匹白馬說：這是一匹白色的馬，但是它不是馬。所以他不能同意「白馬非馬」之說。從「名」上說，「白馬非馬」為真；從「實」上說，「白馬是馬」亦真。一從「名」上說，一從「實」上說，立論根據的不一致，是這一場辯論所以形成以及爭辯不休的主要癥結之一。

復次，另一個促使雙方糾纏不清的癥結是雙方對於「白馬非馬」的「非」字與「白馬是馬」的「是」字的語意有不同的認取。在未談及雙方究竟對「是」「非」二字所認取的意義為何之前，必須先分別考察一下「是」「非」二字的一般意義是什麼。

「是」字在一般情形下，有下列三層不同的涵義：

1. 表示內容的肯定：例如「這一朵花是紅的」這一命題中的「是」字是肯定這一朵花從其內容上說，有「紅」這一性質。

2. 表示主詞類與謂詞類間的包含關係：例如「牛是動物」這一命題中的「是」字表示「牛類」包含於「動物類」中。換言之，即副類包含在全類中。所以這個「是」字即有「包含於」之意。

3. 表示相等之意：例如「牛是牛」、「馬是馬」的「是」字只表示「相等」之意，「牛是牛」即「牛等於牛」，「是」字即「自身相函」之意。

從白馬論看來，難者所認取的「是」字的語意，兼有「內容的肯定」與「包含於」之意。相對於「是」字，「非」字亦有三層意義：

1. 表示內容上的否定：這是從概念的內容上說。

2. 表示主詞類與謂詞類的排拒關係：這是從概念之外延上說。

3. 表示「異於」、「不等」之意。

公孫龍所說的「白馬非馬」的「非」字，不是內容的否定，因為「白馬」有「馬」的屬性，這是公孫龍所無法抹煞或否認的事實。「白馬非馬」的「非」字，也不是指類與類的排拒關係，因為白馬類包含於馬類中，也是公孫龍所不得不承認的。〈白馬論〉說：「求馬，黃、黑馬皆可致。」求馬，黃馬、黑馬既可羅致在內，當然「白馬亦可致」，所以馬類與白馬類沒有排拒關係存在。公孫龍對「白馬非馬」之「非」字所取的意義應該是上述「非」字的第三義——異於，不等。〈跡府〉說：「龍聞楚王張繁弱之弓，載忘歸之矢，以射蛟兕於雲夢之圃，而喪其弓。左右請求之，王曰：『止，楚人遺弓，楚人得之，又何求乎？』仲尼聞之曰：『楚王仁義，而未遂也。亦曰：人亡弓，人得之而已，何必楚。』若此，仲尼異楚人於所謂人。夫是仲尼異楚人於所謂人，而非龍異白馬於所謂馬，悖。」

公孫龍由「人得之而已，何必楚。」推斷孔子「異楚人於所謂人」，然後進一步以此為根據而認為：孔子既然可以「異楚人於所謂人」，自己當然也可以「異白馬於所謂馬」。所以他的「白馬非馬」，實際上就是「異白馬於馬」，則「白馬非馬」之「非」字可以肯定即「異於」之意。「白馬」與「馬」當然有異，所以可說「白馬非馬」。

儘管公孫龍對於「白馬非馬」的「非」字所認取的意義只是「異於」或「不等」之意，但是難者卻把它看成是「否定」之意，因此他不能同意「白馬非馬」之說。這對公孫龍而言，自然是一種誤解與曲解。同樣的，難者對於「白馬是馬」的「是」字所取的意義只是內容的肯定與類的包含關係，公孫龍也一味曲解成「相等」之意。雙方都不肯（或是不能）確切瞭解對方之意，只根據己意去臆測、武斷對方之意，並且以此相非，才使雙方呶呶不休。這是這場辯論所以形成的第二個癥結所在。

這一場「白馬」是不是「馬」的辯論，本來雙方立論根據已經不一致，又加上彼此不肯確切瞭解對方對於「是」「非」二字所認取的意義，因此使得辯論內容變得非常複雜。但是，如果我們能夠掌握住公孫龍是從「名」（概念）的內容與外延上主張「白馬」非「馬」，以及難者是從「物實」上主張「白馬」是「馬」，同時，我們又能掌握住雙方辯論過程中，對「是」「非」二字所認取的意義的差異所在，則我們便不難釐清雙方辯論當中的種種糾纏了。

原文

「白馬非馬，可乎㈠？」曰：「可㈡。」

曰：「何哉？」曰：「馬者，所以命形㈢也。白者，所以命色㈣

也。命色者，非命形也㈤，故曰白馬非馬。」

【今註】㈠白馬非馬可乎：這一場辯論係由難者首先提出問題，而由公孫龍作答。以下倣此。㈡曰可：此為公孫龍答辭。㈢命形：〈跡府〉作「名形」。「命」、「名」義同，皆「指謂」、「稱謂」之意。「形」者，「形象」之意。亦即具有某種形態、形質之「物」的省稱。㈣命色：指謂顏色。㈤命色者非命形也：指謂顏色的概念不等於指謂形象的概念。

【今譯】難者說：「『白馬不是馬』，可以成立嗎？」公孫龍答：「可以。」難者說：「為什麼？」公孫龍說：「『馬』是用以指謂『形象』的概念。『白』是用以指謂『顏色』的概念。顏色的概念異於形象的概念，所以說『白馬』不是『馬』。」

【疏解】這一場辯論是由難者首先提出「白馬非馬，可乎？」揭開了序幕，而由公孫龍作答。公孫龍認為「馬」是用以命形之名，亦即指謂形象的概念或符號。而「白」是用以命色之名，亦即指謂顏色的概念或符號。「馬」只是一個命「形」的概念，而「白馬」則是命「形」的概念加上一個命「色」的概念。所以白馬與馬這兩個概念顯然不相等，所以說：「白馬非馬。」據此，很顯然的，公孫龍並不是從客觀的物實上說白馬不是馬，他只是從「形名」之馬，不等於「形名加上色名」之白馬，亦即從「馬」與「白馬」這兩個「名」（概念）之構成上言「白馬」非「馬」。而難者不能順此方向去理解對方「白馬非馬」之確切意義，也不留意得出「白馬非馬」這一結論的過程如何，而只截取對方「白馬非馬」這一句話，並且望文生義地誤認對方是在否定「白馬是馬」。

原文

曰：「有白馬，不可謂無馬也。不可謂無馬者㈠，非馬也㈡？有白馬為有馬，白之非馬㈢，何也？」

曰：「求馬，黃、黑馬皆可致㈣。求白馬，黃、黑馬不可致。使白馬乃馬也，是所求一也㈤，所求一者，白者㈥不異馬也。所求不異，如㈦黃、黑馬有可有不可，何也？可與不可其相非明。故黃、黑馬一也，而可以應有馬㈧，而不可以應有白馬，是白馬之非馬審矣。」

【今註】㈠不可謂無馬者：即「有白馬不可謂無馬」之意。承上省作「不可謂無馬者」。㈡非馬也：俞樾曰：「非馬也，當作非馬耶？古也，耶通用。」按：俞說是。㈢白之非馬：「白」本為形容詞，此處作動詞用。凡動詞之後之「之」字皆為代名詞，故「白之非馬」之「之」字，當指「馬」而言。「白之」，即於馬加一白色之謂。徐復觀先生以為「之」為「馬」之誤，「白之非馬」應作

「白馬非馬」，亦通。㊃致：即羅致包括之意。㊄所求一也：「一」作「不異」、「相等」解。㊅白者：錢基博曰：「百子全書本『白者』作『白馬』。」按：作「白馬」是。㊆如：猶「而」也。表語意之轉折。㊇而可以應有馬：王琯曰：「而字疑衍文。」

【今譯】難者說：「只要有『白馬』存在，就不能說沒有『馬』在。既然不能說沒有馬，也就意謂有馬，那麼馬不就在那兒了嗎？有了白馬就是有馬，卻說白馬不是馬，那是為什麼？」

公孫龍說：「如果要尋求一匹『馬』，黃馬、黑馬都可以羅致在內。如果要尋求一匹『白馬』，則黃馬、黑馬就不可以包括在內。假使『白馬』是馬，那麼所欲尋求的『馬』都一樣了，既然要尋求的馬都一樣，『白色的馬』和『馬』也就沒有分別。既然要尋求的馬沒有分別，黃馬、黑馬，有時可以包括在內，有時又不行，這又是什麼緣故？『可以』和『不可以』顯然是相反的。因此，把黃馬、黑馬看成一樣，可以答稱有『馬』，卻不可以答稱有『白馬』，這樣，白馬非馬的道理，也就很明白了。」

【疏解】就客觀實有之物實而言，白馬是馬類之一，必然有馬的內容。所以難者說：「有白馬，不可謂無馬也。」白馬既然有馬的內容，怎麼可以說它是非馬呢？故曰：「不可謂無馬者，非馬也（耶）？」白馬既然有馬的內容，現在為了加上一個命色之名——白，就說它非馬，這是什麼道理呢？故曰：「有白馬為有馬，白之非馬，何也？」

顯然，難者也不能順著對方立論的根據，去瞭解「白馬非馬」之確切意義，而且把對方只是作「不等」之意的「非」字，看成是「內容的否定」之意，並以此非難對方。嚴格說來，這是不相應的。同樣，公孫龍也不理會對方立論的根據，是就客觀「實有之物實」上言「白馬」有馬之內容，繼續堅持己見。雙方就在這種「各是其所是以非其所非」的態勢下爭論下去，因此，彼此的結論不一致，也因此，彼此不服對方的結論。

前面公孫龍從「命形」加「命色」不等於「命形」，亦即從概念之構成言「白馬非馬」，只是一種泛說，在此，接著從概念的外延與內容上更具體地說明「白馬非馬」之理。其意是：說到馬，它可以包括黑色、黃色……等各色之馬（當然，也可以包括白馬）在內。因為從「馬」這一概念的外延而言，它可以包括黃、黑、……等顏色的馬。故曰：「求馬，黃、黑馬皆可致。」但是說到白馬時，則它的外延就不包括黃、黑……等馬在內了。因為「白馬」這概念的內容比「馬」這概念的內容多了一個「白色」的特性。這樣，內容固然增多了，但是外延卻相對變得狹窄了。只能應用在白色的馬身上，而不能把黃、黑……等色之馬包括在內，所以說：「求白馬，黃、黑馬不可致。」

公孫龍以概念之內容及外延「表」「白馬」與「馬」之不等以後，接著以此論據來「遮」難者「白馬」是「馬」之說。其意是：如照你的說法，白馬是（乃）馬，那麼「白馬」與「馬」是二而一的了（「是所求一也」）。亦即是說：兩者的外延相等了。既然白馬與馬是二而一，它們的外延相等，那麼白馬與馬就沒有差異了（「白馬不異馬也」）。白馬與馬既然沒有差異（「所求不異」），但是當你說到馬時，它可以包括黃、黑馬在內，而在說到白馬時，則不能包括黃、黑馬在內。你說：白馬是馬。但是當你把馬和白馬分開來說時，對於黃、黑馬，卻有可致與不可致之別。這又是什麼緣故呢？

（「如黃、黑馬有可有不可，何也」）既然有此差別，則「白馬」與「馬」的不相等，就很明顯了（「可與不可，其相非明」）。總之，同樣的黃、黑馬，可以包括在「馬」內，卻不能包括在「白馬」內，「白馬非馬」的道理，就再明顯不過了。

前面難者把對方「白馬非馬」的「非」字，由「異」、「不等」之意，曲解為內容的「否定」之意。同樣，公孫龍也沒有瞭解對方「白馬是馬」的「是」字，是內容的「肯定」以及類與類間的「包含」之意，而把它誤認作「相等」之意。故曰：「使白馬乃馬也，是所求一也。所求一者，白者（馬）不異馬也。」此中之「一」字與「不異」皆是「相等」之意。依此，則白馬是馬＝白馬不異馬＝白馬等於馬。難者絕對沒有白馬「等於」馬之意，而公孫龍卻如此曲解對方，對方也沒有覺察自己的立論被曲解，雙方就這樣各說各話地一直辯下去。

原文

曰：「以馬之有色為非馬，天下非有無色之馬也。天下無馬，可乎？」

曰：「馬固有色，故有白馬。使馬無色，有馬如㈠已耳，安取

白馬？故白者非馬也。白馬者，馬與白也；馬與白馬也㈡，故曰：白馬非馬也。」

【今註】 ㈠如：謝希深曰：「如，而也。」㈡馬與白馬也：譚戒甫校改作：「白與馬也。」按：此校非。「馬與白馬也」，乃承上文「白馬者，馬與白也」以言馬與白馬異。白馬與馬異，則白馬非馬矣。故下接「故曰：白馬非馬也」。依此，則「馬與白馬也」應作「馬與白馬異也」。補一「異」字，則上下文義，可以連貫。

【今譯】 難者說：「你認為馬有了顏色就不是馬，天下沒有不帶顏色的馬。如此一來，天下就沒有馬了，這樣說得通嗎？」

公孫龍說：「馬本來是有顏色的，所以才有『白馬』之名，假使馬無顏色，那麼只要有『馬』就行了，何必再要有『白馬』之名稱呢？所以我主張白馬非馬。至於『白馬』是在『馬』的內容上再加上『白』這一內容，因此，『馬』與『白馬』是不同的，所以我說：『白馬』不是『馬』。」

【疏解】 公孫龍從概念的外延與內容之不等說「白馬非馬」，這樣的理論是正確無誤、不能反駁的。但是難者若非不能如實瞭解對方的理論，便是他根本不理會對方說的是什麼，心中只知：「白馬絕對是馬，而不可能非馬。」因為，白馬只不過是在「馬」上加上「白顏色」而已。所以他責問公孫龍說：「馬」加上了「白」而成為「白馬」，你就說它不是馬，而天下一切馬都是有顏色的，你認為馬有了顏色就不是馬，如此一來，天下就沒有馬了，這還說得通嗎？公孫龍則認為：馬本來就有顏色，所以才有「白馬」之名。如果馬沒有顏色，那麼只要有「馬」名就行了，何必再要有「白馬」之名稱呢？現在既然有「馬」與「白馬」二名，就表示「馬」與「白馬」有別。二者有別，則彼此不相等。至於馬與白馬的區別何在呢？馬只有馬的內容，而白馬則是在馬的內容外又加上白色這一內容，故曰：「白馬者，馬與白也。」依此，則馬與白馬的內容顯然有異，故不相等。內容不相等，則白馬當然非馬。故曰：「馬與白馬（異）也，故曰：白馬非馬也。」

前面公孫龍說：「求馬，黃、黑馬皆可致。求白馬，黃、黑馬不可致。……是白馬之非馬審矣。」這是從概念的外延的不等上說「白馬非馬」。而此處言：「白馬者馬與白也。馬與白馬（異）也，故曰：白馬非馬也。」則從概念的內容上的不相等說明「白馬非馬」之理。公孫龍「白馬非馬」的義蘊至此已經說得十分確切明白了。

原文

曰：「馬未與白為馬，白未與馬為白。合馬與白，復名㈠白馬，是相與以不相與為名㈡，未可㈢。故曰：白馬非馬，未可。」

曰：「以有白馬為有馬，謂有白馬為有黃馬，可乎？」曰：「未可。」曰：「以有馬為異有黃馬，是異黃馬於馬也。異黃馬於馬，是以黃馬為非馬。以黃馬為非馬，而以白馬為有馬；此飛者入池，而棺槨異處㈣；此天下之悖言亂辭也。」

【今註】 ㈠復名：俞樾曰：「復名，兼名也。荀子正名篇：『單足以喻則單，單不足以喻則兼。』楊倞註曰：『單，物之單名也；兼，復名也。』復名白馬，正所謂不足以喻則兼也。合馬與白則單言之馬不足以盡之，故兼名之曰白馬，是謂復名白馬，猶今言雙名矣。」㈡相與以不相與為名：「相與」指「白」與「馬」相結合，亦即「白馬」。「不相與」，指「馬」未與「白」相結合，亦即「馬」。「相與以不相與」為名，意指「白」與「馬」相結合的復名「白馬」，仍以「不相與」之單名——「馬」以及「白」為名稱。㈢未可：此二字疑為衍文，涉下文「未可」而重複。㈣飛者入池，而棺槨異處：意謂：將空中飛的說成水中游的，把「棺」和「槨」說成不在一起的東西。王啟湘曰：「飛者入池，喻強合異以為同；棺槨異處，喻強離同以為異。」按：推敲原文上下文語意，「飛者入池」「棺槨異處」乃用以譬喻「以黃馬為非馬，而以白馬為有馬」之自相矛盾者。理則學有所謂矛盾律，其定義為：「任何一項a不能既是a而又非a」凡有「a而非a」者，即為自相矛盾而不得成立。「白馬」與「黃馬」其色雖異，然其為「有色之馬」則一。依上文觀之，「以黃馬為非馬」為難者所必承認者，而「白馬為馬」則為難者之主張。總之，「黃馬非馬」與「白馬為馬」皆為難者所認可而以為能同真者。然同為有色之馬，而一者為「非馬」，一者為「馬」，此豈非「既是a而又非a」嗎？「黃馬為非馬」與「白馬為有馬」為自相矛盾之命題，故公孫龍乃以「飛者入池」「棺槨異處」為喻以斥難者之自相矛盾。飛者，乃鳥類之泛稱，鳥非池中之物，今飛者入池，則鳥非鳥矣。此豈非：a而非a乎？棺槨者，本內外相依而不能異處者，今異處之，則失棺槨之所以為棺槨矣。此亦a而非a也。

【今譯】難者說：「馬在沒有和白結合之前，只叫做『馬』；白在沒有和馬結合以前，只叫做『白』，結合『馬』與『白』，合稱『白馬』。這個相結合的復名（白馬）是援用不相結合的單名（即「白」、「馬」）作為名稱。『白馬』這個『復名』中還保存『單名』的『馬』在內，所以說：『白馬非馬』是不正確的。」公孫龍說：「把有白馬當作有馬，那麼，說有『白馬』為有『黃馬』，可以嗎？」難者說：「不可以。」公孫龍說：「把有『馬』視作不同於有『黃馬』，那就是把『黃馬』從『馬』中區別開來。從『馬』中區別開『黃馬』，就是認為『黃馬』不是『馬』。認為『黃馬』不是『馬』，卻以為『白馬』是『馬』；這就好比把空中飛的說成水裏游的，把棺和槨說成不在一起一般，簡直是天下第一等的胡言亂語。」

【疏解】本節難者自「名」（概念）之構成上駁斥「白馬非馬」之說。其意是：當「馬」未與「白」結合時叫「馬」（單名），「白」未與「馬」結合時叫「白」（單名）。如把單名之「馬」與「白」

結合起來，就成為復名「白馬」了。如此說來，「白」與「馬」相與而成的「白馬」，是以不相與之單名——「馬」、「白」而得名的。「白馬」既是因「白」、「馬」而得名，則顯然「白馬」有「馬」及「白」的內容。「白馬」既有「馬」的內容，則你說「白馬非馬」當然是不可以的。

公孫龍自始至終皆就「概念」以言「白馬非馬」，而不從「客觀實存之物的內容」以言「白馬非馬」。他對於概念有一「普遍自存」之洞見。例如：客觀世界只有特殊、個別的白物如：白鳥、白馬、白石……等。而無所謂「白」存在。但是公孫龍則以為有一種不為某特殊物所限的「白自己」存在，此即「普遍自存」的「白」。前節：「白馬者，白與馬也。」之「白」，即指「普遍自存」之「白」而言，這是公孫龍所特有的思想。難者卻是一個質樸的實在論者，對於此種「概念之普遍自存」的理論完全不能理解，更無從瞭解概念的內容與外延的問題了。

對於難者的駁斥，公孫龍仍以「概念之外延」作為立言的根據。為醒目起見，擬借用幾個符號來幫助說明。公孫龍的意思是：你認為「有白馬為有馬」，換言之即「白馬是馬」。白馬是馬，亦即是「白馬等於馬」。（因為公孫龍自始至終把對方「白馬是馬」或「白馬為馬」的「是」與「為」字看成是「等於」、「相等」之意。關於此點，已詳前說。本節「異黃馬於馬，是以黃馬為非馬」顯然是以「異」字來規定「黃馬非馬」之「非」字。「異」即「不等」之意。依此，「非」字之相反詞「是」字，當然是「不異」之意。「不異」即「相等」之意。）

若以符號a代表白馬，b代表馬，則「白馬是馬」可列成下式：a＝b。難者說「白馬是馬」，那麼說「白馬是黃馬」（謂有白馬為黃有馬）可以嗎？難者的回答是：「未可。」若與前面一樣，仍以a代表白馬，另以c代表黃馬，則難者的不承認「白馬是黃馬」可列成下式：a≠c。前面說a＝b，現在又說a≠c，如此，則顯然b≠c，c≠b。c≠b如換成文字應是：黃馬不等於（異於）馬。所以公孫龍接著把對方的意思歸結為：「以有馬為異有黃馬（b≠c），是異黃馬於馬也（c≠b）。」並且再推進一步說：「『異黃馬於馬』，也就等於是說：『以黃馬為非馬。』」至此，公孫龍乃作一總結以難對方說：你現在既承認「黃馬非馬」，而前面卻說「白馬是馬」。「白馬」是「加上顏色的馬」，「黃馬」亦是「加上顏色的馬」，兩者既然同是「加上顏色的馬」，而你卻認為「黃馬非馬」，而「白馬是馬」。換言之，同為有顏色之馬，而一為「非馬」，一為「是馬」。這與「飛者入池，而棺槨異處」同樣是犯了自相矛盾的毛病。如此看來難者的主張真是天下第一等的悖言亂辭啊！——由此可知公孫龍之辯論技巧相當高明，不是難者所能企及。

原文

曰：「有白馬，不可謂無馬者，離白之謂也。是離者有白馬不可謂有馬也㈠。故所以為有馬者，獨以馬為有馬耳，非有白馬為有馬。故其為有馬也，不可以謂馬馬㈡也。」曰：「白者不定所白，忘之而可也㈢。白馬者，言定所白也。定所白者，非白也。馬者無去取於色㈣，故黃、黑㈤皆所以應㈥。白馬者，有去取於色，黃、黑馬皆所以色去㈦，故唯白馬獨可以應耳。無去者非有去也㈧。故曰：白馬非馬。」

【今註】㈠是離者有白馬不可謂有馬也：王啟湘曰：「道藏本及陳本，『是離』作『不離』。歸本同。」錢基博曰：「百子全書本，不離之『不』誤作『是』。」俞樾說：「『有馬』當作『無馬』，涉下文三言『有馬』而誤耳。」王啟湘曰：「『有馬』二字不誤，俞說非。」按：俞說是，應據改。依此，本句應作：「不離者，有白馬不可謂無馬也。」㈡馬馬：俞樾曰：「此難者之辭。承上文而言，上論馬不馬，不論白不白。若必以白者為非馬，則白者何物乎？白即附於馬，不可分別，故見白馬，止可謂之有馬而已。不然，白馬一馬，馬又一馬，一馬而二之，是『馬馬』矣。」按：俞說未能切中公孫龍之思理，措辭亦不諦。「馬馬」之說詳見疏解。㈢忘之而可也：譚戒甫曰：「忘之而可，猶云可置諸不論也。」㈣馬者無去取於色：此意謂：天下之色甚眾，凡有色之物只能在眾色之中取其一色（或數色），而去其餘之一切色。如「白馬」於眾色之中取其「白」，而去其餘之色。單言「馬」而不言及其色，則馬於眾色皆無所取，亦無所去。㈤黃黑：黃黑下脫一馬字，應據下文「黃黑馬皆所以色去」句補。㈥皆所以應：「所」字為代詞性助詞，意指句末省一「者」字。故此句意謂：黃、黑馬皆是可藉以應「馬」之求者。㈦皆所以色去：此「所」字亦作代詞性之助詞，意指句末省一「者」字。故此句意謂：黃、黑馬皆是因色不合之故而被去者。㈧無去者非有去也：「無去者」，指無去取於色之「馬」而言。「有去」，指有去取於色之「白馬」而言。「無去者非有去」者，猶言「馬非白馬」。

【今譯】難者說：「就客觀實存之『白馬』而言，不能說它無『馬』之內容，因為只要把『白』抽離，『白馬』就成為『馬』了。當『白』未從『白馬』中加以抽離時，當然只有肯定『白馬』有『馬』的內容，而不可以說『白馬』無『馬』之內容。照你的看法，馬之所以有馬，只能以『命形之馬』為馬，而不能以『命形加命色』的『白馬』為馬，所以你所謂的有馬，只能以『馬』命『馬』，但是你總不可以在要為『馬』加一個『謂詞』時，稱之為『馬馬』呀！」

公孫龍說：「假如『白』不固著於它指明是白的事物之上，那麼我們可以置諸不論。但是『白馬』，是固著於它指明是白的事物而成立的。固著於馬的『白』不等於普遍自存的『白』。當我們單舉『馬』時，對於顏色無所取捨。所以黃馬、黑馬都可拿來應付。當我們舉到『白馬』時，對於顏色有所取捨，黃馬、黑馬，都因為它們的顏色不是白色而被舍棄，所以只有白色的馬可以應付。對於顏色無所取捨的『馬』不同於對顏色有所取捨的『白馬』，所以我說：『白馬不是馬。』」

【疏解】觀前面辯論之結果，不但難者成了自相矛盾，而且被指責為悖言亂辭。而由難者挨罵之後所作之答覆可以發現，難者不但沒有為自己的自相矛盾辯解，反而是默認了。他似乎感到自己理虧，所以不敢再堅持自己的立論——白馬是馬。只是消極地反難對方說：我的立論固然站不住，而你這種「馬馬」的說法也是不通的呀！

其實，雙方自始就是站在不同的層面上來辯論「白馬」是否是「馬」的問題。照理這是無法得到結論的，因為雙方的立論並非是互相矛盾而不可同真的。如果要勉強對雙方的理論下斷語的話，只能說：雙方都對，也都錯。因為從「物實」上說，「白馬」當然是「馬」，故難者對，而公孫龍的「白馬非馬」錯；但是若從「概念的外延與內容的不等」上說，則「白馬非馬」當然能成立，故公孫龍對，而難者之「白馬是（等於）馬」錯。所以只要難者頭腦稍微清楚一點，根本不必承認自己的主張是悖言亂辭，結果他卻默認了。這完全是由於他被公孫龍的巧辯（不是狡辯）搞昏了頭所致。

因為，如果他能不被對方所擾亂，而始終維持著就「物實」的立場說「白馬是馬」的話，那麼，當對方問道：「以有白馬為有馬，謂有白馬為有黃馬，可乎？」之時，他大可理直氣壯地回答：「可。」因為從物實上而言，「白馬」是「馬類」的一種，自有「馬」的內容；而「黃馬」亦是「馬類」的一種，當亦有「馬」的內容；說到「白馬是馬」只是肯定「白馬」有「馬」之內容。說到「黃馬是馬」也只是肯定「黃馬」有「馬」之內容。單就這一點——有馬之內容而言，當然可說「有白馬為有黃馬」。再者，「白馬」是「加上顏色之馬」，「黃馬」也是「加上顏色之馬」，從其同為「顏色之馬」而言，當然也可以說：「有白馬為有黃馬。」何必惶恐地馬上否認「有白馬為有黃馬」而以為

「未可」，導致給予對方話柄。果能如此，則公孫龍也就無法根據對方的「曰：未可。」推出「黃馬為非馬」以與「白馬為（是）馬」構成自相矛盾來斥責對方為悖言亂辭了。所以在這個吃緊的關頭，只要難者很鎮定地「曰：可。」那麼，雖然不一定難倒對方，至少不會陷於自相矛盾的窘境。

茲將難者之言，逐句加以疏解如下：

就客觀實存之「白馬」而言，我們不能說它無「馬」的內容，因為只要把「白」抽離了，「白馬」就成為「馬」了。故曰：「有白馬不可謂無馬者，離白之謂也。」因之，當「白」未從「白馬」中加以抽離時，當然只有肯定：「白馬」有「馬」的內容，而不能說「白馬」無「馬」的內容。故曰：「不離者，有白馬不可謂無馬也。」（至此，難者尚能維持他原來的立場，但是不能據此以消解公孫龍所強派給他的自相矛盾，而且，此後的立論都不能再固守他原來立論的根據而進行辯論了。）如果照你公孫龍的說法：「馬者，所以命形也，白者，所以命色也。命色者非命形也。」來說，馬之「所以為有馬」，只在以「命形之馬」為馬，而不能以「命形加命色」之「白馬」為「有馬」。故曰：「故所以為有馬者，獨以馬為有馬耳，非有白馬為有馬。」如照你這種「有馬觀」來說（故其為有馬也），只能以「形」命「馬」，而不能以「色」命之，以「色」命之即成「非馬」，亦即：「馬」加上「白」，就成了「白馬非馬」了。換言之，「命形之馬」加上一個「非命形之謂詞」（所謂「非命形之謂詞」，即除了命形之馬以外的謂詞，在此只指「白」而言）以後，「命形之馬」就成為「不是命形之馬」了。如此說來，你如果要給「馬」加上謂詞，而不使「馬」變成「非馬」的話，只能以「命形之馬」命「命形之馬」。簡言之，只能以「馬」命「馬」。但是，你總不能在要為「馬」加上一個「謂詞」時，為了剋就「以馬命馬」而說「馬馬」呀，這不是十分可笑的說法嗎？故曰：「故其為有馬也，不可以謂馬馬也。」由此可知難者整段話，是以「馬馬」之可笑不通非難公孫龍。

公孫龍的答辯可分為兩部分：前半「白者不定所白，忘之而可也。白馬者，言定所白也。定所白者非白也。」與前後文之義理無直接之關聯性，它只在糾正難者「有白馬，不可謂無馬者，離白之謂也。不離者，有白馬不可謂無馬也。」中離不離的說法有問題。而對於白馬非馬之說並無積極的意義，故曰：「忘之而可也。」至於後半「馬者無去取於色，故黃、黑（馬）皆所以應。白馬者，有去取於色，黃、黑馬皆所以色去，故唯白馬獨可以應耳。無去者非有去也。故曰：白馬非馬。」則仍然就「概念之內容與外延之不相等」以強調「白馬非馬」。茲分別疏解於後。

「白者不定所白」之「白者」，乃指抽象而普遍的「白之自性」而言，亦即指「白之共相」而言。「共相」的定義是：無時空性，普遍而永恒自存的抽象之理。「白之自性」是從白物中抽離出來的，所以是抽象的；而此「白性」不為任何「白物」所限（白者不定所白），所以是普遍的；沒有「白馬」或其他「白物」存在，而「白性」仍可永恒自存，所以是永恒的。

「白馬者，言定所白也。」此是指具體而特殊的「白物」而言，此即「殊相」是也。「殊相」的定義是：在時空中存在而可變化的具體特殊物。白馬之「白」對「白之自性」而言，是一限定。「白之自性」既受「馬」的限定而為「白馬」之「白」，則已非「白之自性」了。故曰：「白馬者，言定所白也。定所白者，非白也。」「白之自性」是「共相」，而「白馬」則是在時空中存在而可變化的具體特殊物，故是「殊相」。於此可知，公孫龍已接觸到了「共相」與「殊相」的問題。至少，他已經感覺到而且能區別共相與殊相了，只是尚未能以專門術語把它表示出來罷了。他雖然已接觸到共相的問題，但只是引而不發，因為本文辯論的主題是「白馬是不是馬」而不在討論共相問題。於此，我們要追問的是：雙方既以「白馬是不是馬」作為辯論主題，何以公孫龍會在此突然提出共相殊相的問題？

按在〈堅白論〉中，公孫龍主張「白之自性」可離白物而自藏自存。此「白之自性」、「白之共相」既然可離乎白物而自藏自存，則它不為任何白物所限，故曰：「白者不定所白。」然而前面難者說到：「有白馬不可謂無馬者，離白之謂也。」意謂：白馬只要把白抽離了，白馬就只剩下馬的成分，所以說「有白馬不可謂無馬」。

就客觀實有之馬而言，實在不可能把「白馬」之「白」抽離。所以，可抽離之「白」自應是指「白之共相」而言。而「白之共相」不為任何物所限所定，已如前述，所以它當然不可能與白物合在一起。但是，難者卻說：「不離者，有白馬」，顯然把「白之自性」強加在「馬」上。此在公孫龍看來，根本說不通。因為可「離馬而自存」之「白」是「不定所白」之「白自己」，而「白馬」之「白」是「定所白」之「白」，二者之「白」不同，不能混為一談。然而難者弄不清這種分別，硬是把「離而不定於馬之白」，說成「可與馬不離」，把「共相之白（不定所白之白）」與「殊相之白（定於所白之白）」混為一談，公孫龍才特別替難者將此不同之白加以辨別，提醒難者：「白者不定所白，忘之而可也，白馬者，言定所白也。定所白者非白。」

不過，共相殊相的問題，既非本文主題所在，我們還是回到「白馬是不是馬」的問題上來：公孫龍認為：當單舉「馬」的時候，它對於顏色無所取舍。換言之，馬只有馬的內容，而沒有加上任何顏色以作為它的內容。在這種情況下，馬的外延廣，它可以把黃馬、黑馬都包括在內，故曰：「馬者，無去取於色，故黃、黑馬皆所以應。」至於說到「白馬」時，它對於顏色有所去取，亦即取白色而舍其他黑、黃、諸色。如此一來，在「馬」原有的內容外，又加上了「白色」這一內容。內容雖然增多了，「白馬」的外延卻比「馬」的外延狹窄了。所以它只能用在「白馬」上，而不能包括黃馬、黑馬。故曰：「白馬者，有去取於色，黃、黑馬皆以所色去，故唯白馬獨可以應耳。」依此，則「無去取於色之馬」與「有去取於色之白馬」不論在內容或外延上皆不相等。二者在內容與外延上既不相等，則「馬」當然不等於「白馬」，「白馬」不等於「馬」。故曰：「無去者非有去也。故曰：白馬非馬。」白馬非馬的辯論至此終告結束。

【餘論】就白馬論全文看來，公孫龍似乎贏得了這一場辯論。他自始至終都能自圓其說地主張「白馬非馬」通。其實這一場辯論由於雙方立論基礎不一致，嚴格說來，不會有結論也分不出勝負的。因為要辯論一個問題，參加辯論的人的立論基礎必須在同一層面上。否則，就無法判定孰是孰非。公孫龍從「名」（概念）的外延與內容的不相等上說：「白馬」這個名不等於「馬」這個名；而難者卻從「物實」上說：「白馬」有「馬」的內容，是屬於「馬類」的一種，故主張「白馬是馬」。就「內容的肯定」與「類的包含關係」上說，「白馬是馬」真，而「白馬非馬」為假。反之，如就「概念的內容與外延的不相等」上說，則「白馬非馬」真，而「白馬是（等於）馬」為假。由此看來，「白馬是馬」與「白馬非馬」並不是「此是則彼非，此非則彼是」的矛盾命題，它們之間並無「不能同真，不能同假」的矛盾關係在。相反的，它們是可同真亦可同假的「相容關係」。兩者既是可以相容，則雙方最多只能「各是其是」，而不能駁倒對方。結果，難者卻陷於自相矛盾的窘境，這是他的腦筋不夠清楚所致。如果他的腦筋夠清楚，他也可以像公孫龍一樣始終如一地自圓其說的。總之，這一場辯論如果雙方能自覺彼此立論根據不同，同時也能自覺或指出對方對於「是」「非」二字所認取的意義與自己不一致的話，則這場辯論的一切糾纏就可釐清。如此，雙方可以「自是其所是」，便不必費那麼多口舌去「非其所非」了。

其次，由這場辯論看來，他們已經接觸到「概念」與「類」、「共相」與「殊相」等問題——這些問題都是理則學概念論中的主要課題——而且至少在公孫龍已能熟練地應用它們來辯論問題了。但是儘管如此，他對於這些問題仍然停留在「行之而不著焉，習焉而不察，終身由之而不知其道也」的階段，而不能自覺其所依之立論的根據是什麼，並由此自覺而翻轉上來，點出內容，外延、共相、殊相、概念與類等範疇，使它們由實用的階段提升為一套客觀的理論。借用羅素的術語來說，公孫龍的學問仍是第一序的，尚未能夠從不自覺的、實踐的階段，反省並釐清自己所接觸之問題的層次，並且把它凸顯出來，使之成為獨立而客觀的學問。若有此種發展，則已成為第二序的學問了，這樣的話，白馬非馬的辯論，只消三言兩語就可以解決了，哪需要花費那麼多無謂的口舌？理則學的不出現是中國文化發展中的一項缺憾，公孫龍的學問若能由「第一序的」逆覺而成為「第二序的」，將可以彌補這一項缺憾了。因為，若有此種逆覺，則不僅可以釐清〈白馬論〉及其他問題，而且也可以用來釐清與反省他人的問題。這種逆覺代表一個新學問的方向，不會一覺即了，必然層層覺下去。如此，則在公孫龍時就出現中國的理則學並非不可能。若有此逆覺，至少可為當時的學術領城開闢一條新的途徑，吸納更多的學者來開拓、發展，並完成這一系的學問。

最後我們再從公孫龍子〈名實論〉立論的旨趣與內容來看〈白馬論〉的意義。先秦諸子大多習慣地有「法先王」的主張，他們常以其理想或學說託諸先王，以表示其思想其來有自，並借此以自重。所以我們只要觀察其所言之「先王之法」，常可得其學說旨趣之所在。〈名實篇〉末云：「至矣哉！古之明王。審其名實，慎其所謂。至矣哉！古之明王。」公孫龍一再地讚歎古之明王至矣哉，所持的理由是他們能「審其名實，慎其所謂。」所以「審名實，慎所謂」實在是〈名實論〉同時也是公孫龍全部學說之旨趣所在。不過，在〈名實論〉中他只提示了幾個原則，並強調一下它的重要性而已。在〈白馬論〉中（其他各篇亦然），卻不厭其繁地與難者反覆辯論，正是「審名實，慎所謂」的具體表現。〈跡府篇〉開宗明義地說：「公孫龍六國時辯士也。疾名實之散亂，因資材之所長，為守白之論。假物取譬，以守白辯。謂白馬為非馬也。……欲推是辯（按「是辯」，指「白馬非馬」之辯。），以正名實而化天下焉。」依此，公孫龍之所以有白馬非馬的辯論，是因為看到當時名實散亂之嚴重，智識分子不知「審名實」，亦不能「慎所謂」，所以不憚其煩地對「白馬非馬」之問題反覆討論，力求正名，並希望由此達到教化天下的最終目的。這是公孫龍提出「白馬非馬」之主張的動機與終極意義所在。但是如就公孫龍子全書的內容及公孫龍的氣質看來，要達成「正名實而化天下」的目的，實在大成問題的。

公孫龍在〈白馬論〉中雖然未能自覺他是以「概念的外延與內容的不等」作為「白馬非馬」的理論依據。但是他已能純熟地運用它來辯論。現在如撇開白馬論的內容不談，單就〈名實論〉的主張來看，白馬非馬之說亦可找到它的理論根據。在〈名實論〉中，公孫龍為正名所提出的兩大原則之一的「名要專當於實」，可用來和「白馬非馬」的主張互相發明。所謂「名要專當於實」是說：一切名應專指謂某一物實，而不可有歧義。白馬之所以非馬，固然是由於兩者之外延與內容不等，但是亦可以把它當作是一個正名的問題看待。

〈名實論〉說：「彼彼止於彼，此此止於此，可；彼此而彼且此，此彼而此且彼，不可。」其意是：如果用「彼名」去指謂「彼實」，而且這個「彼名」僅止於指謂「彼實」；或是用「此名」去指謂「此實」，而且這個「此名」亦僅止於指謂「此實」。換言之，此名專當於此實，彼名專當於彼實，那是可以的。反之，如果用「彼名」去指謂「此實」，則此「彼名」既可指謂「彼實」同時又可指謂「此實」。同樣的，如果用「此名」去指謂「彼實」，則此「此名」除了可以指謂「此實」外，又可指謂「彼實」。如此，則「此名」不專當於「此實」而有歧義，「彼名」不專當於「彼實」而有歧義，這是不可以的。總之，公孫龍之意是：每一名只應專指一實，而不可用一名指謂數實，因為這樣會造成名實之混亂。據此而言，「白馬」這個名（概念）若只用來指謂「白馬」這個物實的話，這就是上面所說的「彼彼止於彼，此此止於此。」亦即「白馬」之名專當於「白馬」之實而無歧義，這在公孫龍是認為可行的。相反的，如果以「白馬」這個名來指謂「馬」這個實的話，則「白馬」這個名，不但可以用來指謂「白馬」這個實，而且還可以用來指謂「馬」這個實了。難者所說的「白馬是馬」，顯然就是如此。因此「白馬是馬」患了〈名實論〉所說的「彼此而彼且此，此彼而此且彼」的毛病。亦即「白馬」這個名有了歧義而不專當。這在公孫龍看來是違反正名原則的。〈名實論〉又云：「不當而當，亂也。」意即以不當之名為當，必然造成「名實之散亂」（跡府語）。而公孫龍最重視「審其名實，慎其所謂」而且「疾名實之散亂」，所以他絕對不能忍受在他看來是不當之論的「白馬是馬」。因此基於名要專當於實（彼彼止於彼，此此止於此）的原則，亦即為了正名，他必然主張「白馬非馬」之說而闢「白馬是馬」之說。因為「白馬非馬」乃是表示「白馬」這個名止於指謂「白馬」這個實，而不兼指「馬」實。亦即能彼彼止於彼。而「白馬是馬」，則表示「白馬之名」除了指謂「白馬之實」外，又可用來指謂「馬實」；這顯然患了「彼此而彼且此」之病。總之，就〈白馬論〉來看，公孫龍「白馬非馬」的根據，毫無疑問是在「白馬」與「馬」兩個概念的內容與外延不相等，但是，如就〈名實論〉所提出的正名原則看來，公孫龍也必然會主張白馬非馬的。

指物論

解題

〈指物論〉之主旨在闡發「物莫非指，而指非指」之說。若能將此八個字的意義解析清楚，則〈指物論〉之義蘊亦不難迎刃而解。故在疏解〈指物論〉原文之前，擬先將「物莫非指，而指非指」化整為零地加以解析，然後再把它們合起來，作一總解，以求得其真實涵義，並以此作為基礎疏解〈指物論〉全文。

「物」：〈名實論〉開宗明義說：「天地與其所產焉，物也。」這是外延地為「物」下一個簡單的界說。如此界定下的「物」，實際上是天地萬物的泛稱。〈名實論〉接著說：「物以物其所物而不過焉，實也。實以實其所實而不曠焉，位也。」這是以「實」、「位」作為「物」的屬性。具有實、位之物，實際上就是指客觀世界具體存在之一切萬物而言。〈指物論〉云：「物也者，天下之所有也。」此「天下之所有」，即在客觀世界上具體存有、實有之意。依此，物的定義應是：凡是在客觀世界中具體存有、實有之一切東西。

「莫非」：莫、非皆是否定詞。兩否定等於肯定，故「莫非」為一肯定詞。「莫非」即「沒有不是」，亦即「皆是」之意。依此，「物莫非指」即「凡物是指」，「凡物皆是指」之謂。在邏輯學上它是全稱命題，亦即A命題。「物莫非指」之「莫非」既為「皆是」之意，而吾人在〈白馬論〉中曾說「是」字有三義：「表示內容的肯定」、「表示主詞類與謂詞類間的包含關係」、「表示相等之意」。依上下文義看，「凡物是指」之「是」應是「相等」之意（說詳後），而不會是另外兩種意義。依此，我們可以得到這樣的結論：物莫非指＝凡物是指＝凡物等於指。至於物何以會等於指，以及凡物等於指之真實意義為何，則詳後說。

「指」：歷來各家對於〈指物論〉中的「指」字所下的界說各不相同，迄無定論，致使各家對〈指物論〉的解釋極為紛紜，莫衷一是。故對此一「指」字的意義實有詳加考察探究之必要。茲先列舉數家對「指」字的解說以供參考，然後再進而指出此「指」字應作何解。

1.《說文》：「指，手指也。」此「指」字為名詞。《爾雅・釋言》：「觀、指，示也。」《史記・張釋之傳》：「上指示慎夫人新豐道曰：此走邯鄲道也。」此二條之指，皆以手指示物之意，亦即指示之意。作動詞用，此為「指」之一般用法。

2.俞樾《諸子平議補錄》卷五云：「指，謂指目之也。見牛而指目之曰牛，見馬而指目之曰馬。此所謂物莫非指也。」按：「指，謂指目之也。」即以某一名指謂某物之意。此「指」字兼有名詞與動詞之性質。

3.胡適《中國古代哲學史》云：「公孫龍的指物論，用了許多指字。仔細看來，似乎指字都是說物體的種種表德，如形色等等。」

4.馮友蘭《中國哲學史》二五七頁云：「公孫龍以指物對舉，可知其所謂指，即名之所指之共相也。」

5.譚戒甫《公孫龍子形名發微》十二頁云：「蓋指義有二：即名謂之別。其指目牛馬之指，謂也；因而所指目牛馬之形色性亦曰指，名也。……然則形色性三者，可稱為德，亦即此所謂指耳。」

6.徐復觀先生《公孫龍子講疏》五十頁云：「指是在主觀認識能力中所形成的映象，同時也即是使映象得以成立的心的認識能力。」

7.指通假為恉，《孟子・告子》下：「軻無問其詳，願聞其指。」又〈盡心篇〉：「言近而指遠，善言。」此指皆恉之意。亦即意趣、意義之意。作名詞用。勞思光：〈公孫龍子指物論疏證〉（刊香港中文大學崇基學報第六卷第一期）就是以「恉」，「意義」來解釋指字。

按：以上諸說內容雖異，然並不相矛盾，大致是可相容的。而且也大都或多或少道出〈指物論〉中「指」字的意義。〈指物論〉旨在闡述「指」與「物」之關係及其區別，因此可說是公孫龍的認識論。一般說來，物之被認識，必須透過主觀的感官撲著客觀的存在物才能形成。亦即主觀的感官撲著於客觀的事物產生一個認知的活動過程，然後才能使我們對事物有一「是什麼」的認識。當人們對客觀存有之物有一「是什麼」的認識後，就以定義的方式，用一個概念或一組概念來指謂所認識之物，說它（物）是××。例如動物學家，對一客觀存有之物——「牛」加以觀察、研究與歸納，然後把他對於牛所得到的認識，透過定義的手續用一組概念把它表示出來說：牛是「哺乳類、反芻，偶蹄，體肥大，四肢短，頭有兩角，上顎無門牙及犬牙，臼齒強壯，胃分四囊，力強，耐勞苦，故適於負重或耕田的動物。」簡言之，即以「哺乳類……或耕田的動物。」這一組概念來指謂客觀的存在物——牛。又如印度人透過他們的認識，認為牛是「聖物」，因而以「聖物」這一概念來指謂「牛」。總之，當人對客觀存有的「物實」有了認識之後，就把他的認識形式化，外在化而為概念，並以它來指謂或論謂該物。這種用來指謂或論謂客觀之物的「概念」就是〈指物論〉中「指」的意義。

〈指物論〉云：「天下無指，物無可以謂物。」意即若無「指」（指謂物之概念）則天下一切物就不能稱之為××物了。亦即對天下之物皆不能有所指謂或論謂了。換言之，指乃是使物得以被指謂或論謂的概念。〈指物論〉又云：「天下無指者，生於物之各有名。」意即客觀世界本無「指」這東西，但是為了使具體存有之「物」各有其「名」，以便加以指謂，才有「指」的產生。〈名實論〉亦云：「夫名，實謂也。」按：實即物也（〈名實論〉：「物以物其所物而不過焉，實也。」），故「實謂」，即「物之謂」之意。以上所引三條《公孫龍子》原文皆可作為「指」是「指謂物之概念」之佐證。

「物」是客觀的實有，故〈指物論〉云：「物也者，天下之所有也。」而指謂「物」之概念——「指」，卻是人類認知活動過程中所產生的抽象的產品。它是人類主觀上的造作，而非客觀之實有。故〈指物論〉云：「指也者，天下之所無也。」又天地萬物，人皆可對之有完全或不完全，粗陋或精密，正確或錯誤的認識，故皆可對之加上或多或少，或同或異的謂詞（概念、指）去指謂它。換言之，人可以根據他的認知的主、客觀條件而指謂任何物是××（指）。

綜上所言，我們可以把「指」的意義作如下的歸納：「指」是指謂或論謂客觀實有之物的「概念」。它是抽象而無實體的，因而是「天下所無」的。人對一物加一指謂的概念（指）即表示人對該物有一認識。而人對一切物都可以有不同程度的認識，故對一切物都可以加上指謂的概念（指）。亦即可以指著每一物說它是××（指），此即「物莫非指」——「凡物是指」之意。

這樣以「指謂物之概念」來界定「指」，可以把上引第一、二條之「指」之意義包括進去，同時亦可與「物體的種種表德」（胡適）、「名之所指之共相」（馮友蘭）、「名謂」（譚戒甫）、「主觀認識能力中所形成的映象」（徐復觀）、「意義」（勞思光）等各家關於「指」的界說相容。

「而指非指」：面對這樣的一個命題，我們所要解釋與追問的有幾點：一、「而」字當作何解？二、「指非指」中的上「指」字與下「指」字是否字同義亦同？若字同義同，會有什麼結果？反之，若字同而義異，則其所異之處何在？亦即此二「指」字各何所指？三、「指非指」中之「非」字該作何解？茲將這些問題分別解說如下：

「而」字為承上啟下之詞，上承「物莫非指」，下啟「指非指」，表示語意之轉折，相當於白話的「但是」。在〈白馬論〉中，公孫龍把「白馬非馬」中的「非」字看成「不等」、「異於」之意（詳見〈白馬論〉）。同樣的，「指非指」中之「非」字亦為「不等」之意。

至於「指非指」上下二「指」字，若其意義相同，亦即此二「指」字所指之內容完全相同，則

「指非指」這一論斷就絕對不能成立。若用符號a來代表「指」，則「指非指」就成了「a而又非a」，顯然違犯了矛盾律。若「a而又非a」成立，則任何事物皆不能說，不能肯定。a既是a，而又非a，那麼a到底是什麼就不得而知了。故「指非指」中之上下二「指」字的內容絕對不能相同。亦即此二「指」字，一定有不同的指陳。既然如此，那麼它們的差異何在？要解決這問題，「而指非指」之「而」字是一個關鍵字。「而」字上承「物莫非指」，下啟「指非指」。故「指非指」必須扣緊「物莫非指」以確定其涵義。換言之，「指非指」是順著「物莫非指」這一命題而來，並對「物莫非指」加以補充說明，以確定「物」與「指」之界線與關係。

上言「指」是指謂「物」之概念。當人對一外物有所認識，就用一概念來指謂該物，說該物是××（指）。如以x代表物，以a代表指，就成為「x是a」這樣一個命題。而當人指著x說它是a時，總是自覺或不自覺地以為x就是a，a就是x。譬如，當人們對一個客觀實有之物——某人，有了認識而得出一個概念（指）——「傻瓜」時，就以此「指」——「傻瓜」來指謂這個「人」，說「他」（物）是「傻瓜」（指）。又當人們看到這個「人」（物）走來時，就會說：「傻瓜」來了。這時，人們總是自覺或不自覺地以為這個人（物）就是傻瓜（指），傻瓜（指）就是指的這個人（物）。同理，當人們說宋江（宋江亦物也）是及時雨（指）時，總認定宋江（物）是及時雨（指），及時雨（指）是宋江（物）。推而廣之，「天地萬物」人對之都可以加上某概念去指謂它，因此就成了「凡物是指」，「凡x是a」，這就是「物莫非指」之意。

公孫龍對此「凡物是指」的「是」字所認取的意義與他在〈白馬論〉中對「白馬是馬」的「是」字所認取的意義皆是「相等」之意。在〈白馬論〉中與公孫龍論難的人，認為「白馬是馬」。而公孫龍把對方的「白馬是馬」解釋為「白馬等於馬」，而認為是錯誤的。同樣的，一般人說「凡物是指」時，總是自覺或不自覺地以為「物」等於「指」，「指」等於「物」，這在公孫龍看來是不可以的。故〈指物論〉云：「指也者，天下之所無也。物也者，天下之所有也。以天下之所有，為天下之所無，未可。」依公孫龍之意，「為天下之所無」之「為」字即「是」也，亦即「相等」之意。在他看來，天下萬物固然都是指，但是「是指之物」並不就等於「指」。這是〈指物論〉所要闡發的主旨，但是他不肯如此直截了當地說出來，卻以「指非指」來說明「是指之物不等於指」。所以「指非指」的上「指」字是「是指之物」之意，而下「指」字則為上述之「指」之原意——「指謂物之概念」。關於這兩個指字的差異，歷來諸家都未能辨別清楚。唯章太炎能把它點出來。他在〈齊物論〉釋定本云：「上指謂所指者，即境；下指謂能指者，即識。」姑不論以「能指」、「識」解釋「下指」是否妥當，但是以「境」釋「上指」，卻是頗有見地的。

何以說「指非指」之上「指」字是「是指之物」？理由如下：「物莫非指」既等於「凡物是指」，而「凡物是指」之「是」字，一般人又都把它看成是「等於」「相等」之意，因此「物莫非指」就成了「凡物等於指」。如以符號x、a分別代表「物」、「指」。則「凡物等於指」就是x＝a。凡相等的兩項可以相代，如A＝B，而且A＝C時，當然

B＝C。所以一般人既把物看成等於指，公孫龍當然可以用「指」來代替「物」而以「指非指」來表示他的「物非指」之意。依此，「指非指」之上指字是「是指之物」之意。公孫龍是一個「好治怪說，玩琦辭」的人，一般人既誤把「凡物是指」看成「物等於指」，因此他也就順著一般人的誤解，而以「指非指」來闡述他的「凡物是指，但是物並不等於指」之說。這正是他以詭辭來困惑人以求服人之口的本色，不足為怪。以上是就「物莫非指，而指非指」之語意作如上的解析。底下再進一步以〈指物論〉原文來證明這一說法之不誣。

〈指物論〉云：「指非非指也。指與物，非指也。」按：「指非非指也」即「指並不是非指」之意。若把「指非非指也」改為「非『指非指』也。」語意就更明顯了（這樣改在文法上，語意上都是許可的。）所以，「指非非指也，指與物，非指也。」乃是說：不是說「指非指」，而是「指與物」才是非指啊。依此，「指非指」的上「指」字的確切意義應是「指與物」。「指非指」之上「指」字既是「指與物」，則「指非指」應是「『指與物』非指」之省稱。於此，我們所要追問的是：何謂「指與物」？「指與物」是「指」和「物」所合成的那個東西。前面說過「指」是用以指謂物的概念。當我們用「某指」來指謂「某物」時，「指」與「物」就相合為一了。「指與物」，就是指此而言。而「『指與物』非指也」中之「指與物」就其詞性言，應是名詞。而此名詞之主體是「物」，「指」是附加的成分。例如：指著宋江（物），說他是「及時雨」（指）時，宋江（物）是主詞，而及時雨（指）是謂詞。若把「宋江（物）是及時雨（指）」這個句子改成一個名詞性的詞組，就成了

「是及時雨的宋江」。依此，「指與物」即「是指之物」。如把它套在「非『指非指』也，指與物，非指也。」中，則此句之意應是：不是說指可以非指，而是那「是指之物」才是非指。就以「宋江是及時雨」為例，當作如是解：不能說及時雨非及時雨（指非非指也），而是那「是及時雨的宋江（物）」並不就等於「及時雨（指）」（指與物，非指也）。何以「是及時雨的宋江」不等於「及時雨」呢？因為「指也者，天下之所無也。物也者，天下之所有也。以天下之所有，為天下之所無，未可。」把客觀實有之「物」說是等於客觀上無實體之抽象的「指」既是不可以的，而「宋江」是「物」，是天下之所有，「及時雨」則是「指」，是天下之所無。所以宋江雖然可以是及時雨，但是他並不等於及時雨。由上可知「指非指」之上指字是指「物」而言，更確切地說是指「是指之物」；而下指字則為「指謂物之概念」，兩者在客觀上一有一無，彼此不相等，故曰：「指非指。」

此外，〈指物論〉尚有兩段話：「天下無指，而物不可謂指也。不可謂指者，非指也。」「非指者，天下而物，可謂指乎？」亦可用以證明「指非指」中之上「指」字是「物」（是指之物）之意。茲分別解說如下：

〈指物論〉云：「天下無指，而物不可謂指也。不可謂指者，非指也。」按：物是客觀存在的，而指是人在認知活動過程中所產生的造作而非客觀的存有。因此「物」不可說就是「指」，就等於「指」（天下無指，而物不可謂指也。）「不可謂指者，非指也。」中之「非指」為「指非指」之省。故「不可謂指者，非指也。」應作如是解：物不可以說就是指（等於指），這就是「指非指」之意。換言之，「指非指」是說物不能就等於是指。

〈指物論〉又云：「非指者，天下而物，可謂指乎？」按：此中「非指者」乃指「指非指」而言。「天下而物」之「而」字，乃「之」之意。公孫龍之意是以「天下之物可以說是指嗎？」的反詰語來說明「指非指」。「物」為天下之所有，而「指」為天下之所無，一有一無，故二者不相等。二者不相等，則天下之物不可謂指，這「物」不可「謂」指，就是「指非指」之意。以上兩段文字都在說明「指非指」之上「指」字乃指「物」（是指之物）而言。

綜上所述，不論就「物莫非指，而指非指」之語意解析或〈指物論〉原文皆可證明「指非指」實際上即「是指之物非指」之意。於此，我們可以把「物莫非指，而指非指」這一組命題的確切涵義作如此的總結：人對「天地萬物」都可以有某種程度的認識，依據各人的認識可以形成某（些）概念來指謂一切物，而說「一切物是××（指）」。由此可以得出「凡物是指」這一命題，此即「物莫非指」之意。而一般人卻自覺或不自覺地把「凡物是指」看成「凡物等於是指」。公孫龍就順著這個誤解而以「指非指」來闡述「是指之物非指」之旨，以破斥凡「物」等於「指」之說。故「指非指」即「物非指」，而「物非指」如實說來應是：「是指之物並不等於指」之意。依此，「物莫非指，而指非指」應解作：一切物都可以說它是指，但是「是指之物」並不就等於指。這樣的解說，不但在〈指物論〉原文中有根據，且可順通〈指物論〉全文。同時，「凡物是指，而指非指」中之「是、非」二字與〈白馬論〉中「白馬是馬」與「白馬非馬」的「是、非」二字在語意上完全一致。再者，「白馬非馬」「指非指」之說，看似公孫龍在掉弄怪說琦辭，以求服人之口，但是，如進一步加以探究，則可發現它們皆有思想上的妥實性，不可妄加貶斥。以下試用上面的解析為依據，進而疏釋〈指物論〉全文以發明其義蘊。

原文

物㈠莫非指㈡，而指非指㈢。

【今註】 ㈠物：〈名實論〉云：「天地與其所產焉，物也。」〈指物論〉亦云：「物也者，天下之所有。」所以「物」乃泛指客觀世界具體存有之天地萬物而言。㈡指：指謂「物」之概念。此為人類主觀之造作，抽象而非客觀之實有。故〈指物論〉云：「指也者，天下之所無。」㈢指非指：上「指」謂「是指之物」。「非」作「異於」、「不等」解。下「指」乃「指謂物之概念」。

【今譯】 一般人都認為天地萬物無非是指謂它的概念。但是，事實上被概念指謂的天地萬物並不等於概念。

【疏解】 〈指物論〉為公孫龍學說的主要部分，其內容在說明「物」與「指」之關係及其區別。「物莫非指，而指非指。」二語為全文張本。客觀存有之物為「所識」，而人為「能識」。當人對客觀之物有一「是什麼」之認識後，就將此認識形式化為概念，並以此概念指謂物，而得出「某物是××（概念、指）」這樣一個命題。天地萬物，人皆可對它有所認識，有所指謂，故可得出一個全稱肯定命題——「凡物是指」。故曰：「物莫非指。」一般人在說「凡物是指」時，總是自覺或不自覺地在「物」與「指」之間畫下等號，以為物即是指，指即是物，兩者相等。但是在公孫龍看來，一切物固然可以用「指」來指謂它，而說它是指，但這個「是指之物」卻不等於「指」。物是物，指是指，兩者一實一虛，並不相等。不過因為他好「治怪說玩琦辭」，不肯直截了當說：「凡物是指，但是物並不等於指。」故意繞圈子，順著一般人「把物看成就是指」的誤解，用「指」來代替「物」，說它不等於「指」，因而形成「而指非指」這樣一個貌似自相矛盾的命題。「指非指」上下二「指」字假若字同義同，當然是矛盾命題；但是依前面的解析及〈指物論〉原文看，上「指」字與下「指」字，字同而義異，故「指非指」也就不構成矛盾。依此，「物莫非指，而指非指」的確解應是：凡「物」都是「指」，但是「是指之物」並不就等於「指」。

原文

天下無指，物無可以謂物。非指者㈠，天下而㈡物，可謂指

乎㊂？

【今註】 ㊀非指者：「者」字為承上啟下之詞。「非指者」之「非指」為「指非指」之省。故「非指者」應作「上所謂指非指者」解。㊁而：猶之也。古書「而」「之」互文之例甚多。又陳柱以為「而」應作「之」蓋因「之」「而」二字篆文形似而誤。㊂可謂指乎：此為反詰句。「可謂指乎？」即不可謂指之意。下文「天下無指，而物不可謂指也。」可為證。

【今譯】天下若無指謂萬物之概念，則任何物我們都無法指謂。被概念指謂的天地萬物既不等於概念，天下之物，還可以說它就是概念嗎？

【疏解】前二句在說明「指」之性質及其功用，並作為「物莫非指」之註腳。「指」是用以指謂「物」的「概念」，天下若無此指謂物之概念，則任何物我們皆不能指謂它是什麼了。譬如「杯子」是一個指謂物之概念，但假如沒有「杯子」這個「指」，則我們對一個盛酒或水的容器就不能指稱它是杯子了。又如沒有「方」這個指，則我們對所有客觀實存的「方物」就不能指謂它是方桌、方舟、或方臉……。故曰：「天下無指，物無可以謂物。」用邏輯術語說，「指」是謂「物」之必要條件。所謂必要條件即「無之不然」之意。亦即無「指」則無法謂「物」，要謂物，則必須要有「指」才行。有「指」然後可以指著某「物」說它是什麼。依此，「指」是人認識「物」所必不可缺者，而人對任何「物」皆可有所認識，對任何「物」皆可用「指」來指謂它，依此一切物沒有不可以用「指」來指謂，而說它（物）是××（指）。故曰：「物莫非指。」下三句承上解釋「指非指」之意。上言「指非指」之上「指」字當為「是指之物」，於此可以得到有力之證明。此處「非指者」之「非指」當為「指非指」之省。「者」為承上啟下之詞，故「者」字下之「天下而物，可謂指乎？」一是在申述「者」字上「指非指」一語之意。「天下而物，可謂指乎？」意即天下之物，不可謂指，亦即天下之物，不可說它就是指。公孫龍既以「天下之物不可謂指，不可說它就是指」來解釋「指非指」，則「指非指」之上「指」字應是指「物」而言。至於天下之「物」不可謂「指」之理由，則見下文。

原文

指也者，天下之所無也。物也者，天下之所有也。以天下之所有，為㊀天下之所無，未可。

【今註】 ㊀為：此「為」字與〈白馬論〉「以有白馬為有馬」之「為」字皆「是」之意。

【今譯】 概念是天下原本所無的，萬物是天下原本就有的。認為天下原本就有的等於天下原本所無的，這是不可以的。

【疏解】此節承上解說「天下之物不可謂指」之理由。「指」（指謂物之概念）是人類主觀的造作，抽象而非客觀之實有，而「物」卻是客觀的存有。二者一有一無，因此「物」當然不等於「指」。故曰：「以天下之所有，為天下之所無，未可。」

原文

天下無指，而㊀物不可謂指也。不可謂指者，非指也㊁。

【今註】㊀而：猶故也。「而」「故」古多互文。㊁非指也：亦「指非指」之省。

【今譯】天下並無客觀實存之概念，因此不可以說「萬物等於指謂它的概念」。此「萬物不等於指謂它的概念」之說，便是上述「指非指」的意義。

【疏解】此節總結上文「物與指一有一無」之意，而得出「指非指」之結論。天下無客觀實存之「指」，所以「物」不可說就等於「指」（「天下無指，而物不可謂指也」）。這「物不可說就等於指」（「不可謂指者」），就是上述「指非指」之意（「非指也」）。故曰：「天下無指，而物不可謂指也。不可謂指者，非指也。」以上三節文字以「物不等於指」來界定「指非指」。故「指非指」之上「指」字顯然是指「物」而言。公孫龍之所以要用「指非指」來代替「物非指」，那是因為前面有「凡物是指」的話才會有此詭辭。

原文

非指者，物莫非指也。

【今譯】前面雖然說「被概念指謂的萬物不等於指謂它的概念」，但是「萬物」沒有一樣不可以用概念來指謂它。

【疏解】前面雖然把「指非指」實即「物非指」（或「是指之物非指」）這問題解決了。卻又產生另一嚴重問題——「物非指」這一命題若真，則開頭「物莫非指」——「凡物是指」這一命題就不成立了。因為「物非指」與「凡物是指」為一對矛盾命題。兩者不能同真，有一真，則另一必假。「物莫非指」是肯定「凡物是指」為真，而「而指非指」則是說：「物非指」為真，故表面看來，「物莫非指」與「而指非指」是互相矛盾的。假使這兩個命題真是互相矛盾的話，公孫龍必須在兩者之中有所選擇，或棄此取彼，或舍彼取此。否則就不能自圓其說。他似乎也發現了這個問題，所以在他解說過「物莫非指，而指非指」之意義後，接著就來解決這個貌似的矛盾。在此所以稱之為貌似的矛盾乃是在他看來「物莫非指」與「而指（物）非指」不但不構成矛盾，反而是可同真的。現在就來看他如何解開這個結。

原文

天下無指，而物不可謂指者，非有非指也㈠。非有非指者，物莫非指也。物莫非指者，而指非指也。

【今註】 ㈠非有非指也：此句應作「然非有非指之物也」解。

【今譯】 天下沒有客觀實存的概念，因而不可以說萬物等於指謂它的概念，但是，天下也沒有一種物是概念所不能指謂的。既然天下沒有不能用概念來指謂的物，也就是說任何物都可以用概念來指謂，而說「某物是某指」，這便表示：萬物無非是指謂它的概念，但是被概念指謂的萬物並不等於指謂它的概念。

【疏解】 本節由「物非指」轉而肯定「物莫非指」。公孫龍以為「物莫非指——凡物是指」與「指非指——是指之物非指」這兩個表面看來矛盾的命題所以可以同真，係因兩者立論的角度不同。「物莫非指」是從「人的認知活動中『物』與『指』所發生的關係」而得出，「指非指」則是分別從「『物』、『指』的性質之差異」而得出。詳論如下：

「物」是人認知的對象，「指」是人認知活動中所得出的主觀造作。一切「物」都是可認識的（當然人之認識有種種程度的差別，但是物總是可認識的）。故一切「物」都可用「指」來加以指謂。因此可得出「凡物是指——物莫非指」的結論。在人的認知活動中，「物」與「指」產生了「凡物是指」這種命題形式的關係。就人的認知活動而言，這種關係是真實的，是可成立的。

然而就「物」與「指」本身的性質而言，「物」是客觀存有。（天下之所有），而「指」是主觀造作（天下之所無）。兩者一有一無，彼此性質不同，當然不相等，因此「指非指」（亦即「是指之物非指」）也是真實而可成立的。

顯然上述兩個命題彼此不但不矛盾，反而可以相容，此所以公孫龍要再次強調「物莫非指者，而指非指」了！

原文

天下無指者，生於物之各有名，不為指㈠也。不為指㈡而㈢謂之指，是兼㈣不為指。以有不為指㈤之㈥無不為指㈦，未可。且㈧指者，天下之所兼。

【今註】㈠不為指：「為」，是也。「不為指」即「非指」之意。「非指」即「物非指」之意。㈡不為指：謝希深注曰：「物皆不為指。」此「不為指」當作名詞解，即「不為指之物」。㈢而：如也，若也。㈣兼：俞樾曰：「兼乃無字之誤，無與兼相似而誤。」按俞說可從。下「且指者，天下之所兼」之「兼」同此。㈤有不為指：謝希深注曰：「有不為指，謂物也。」按物為天下之所有，而又不等於指，故曰：「有不為指。」㈥之：謝希深注曰：「之，適也。」金受申及陳柱皆以「之」為「為」之誤。按二說皆通。㈦無不為指：謝希深注曰：「無不為指，謂指也。」㈧且：猶「夫」也，助詞。訓見經傳釋詞。陳柱以「且」為「曰」之誤，非是。

【今譯】指謂萬物的概念固然不是客觀之實有，但為了使天地萬物各有其名以便指謂，因而有概念的產生。有了指謂物的概念，就可以用它來指謂一切物。但是儘管如此，卻不能說被概念指謂的物就等於指謂物的概念。本來不等於概念的物，如硬說它等於概念，這樣一來，就成了沒有一物不等於用來指謂物的概念了。把不等於概念的物，說成沒有一物不等於用來指謂物的概念，那是不可以的。因為指謂萬物的概念不是客觀之實有，而萬物卻是客觀之實有，兩者絕對不會相等。

【疏解】本節「天下無指者，生於物之各有名，不為指也。」是就「指」之所以產生及其功用論「物非指」。「不為指……天下之所兼。」則強調「是指之物等於指」之不通，以明「物非指」之義。

原文

天下無指者，物不可謂無指也。不可謂無指者，非有非指㈠也。非有非指者，物莫非指，指非非指㈡也。指與物㈢，非指也。

【今註】㈠非有非指：此為「非有非指之物」之省。㈡指非非指：上「非」字為否定詞，即「不是」之意。下「非」字為「異於」、「不等」之意。「指非非指也」應作「非『指非指』也」解。

㈢指與物：即「是指之物」說詳下。

【今譯】指謂萬物的概念固然不是客觀之實有，可是客觀實有之物卻不能缺少用以指謂它的概念。其所以說客觀實有之物不能缺少用以指謂它的概念，乃因天下並無不用概念指謂之物存在。既然天下沒有不用概念指謂之物存在，那麼天地萬物就無非是指謂它的概念了。這並不是說指謂物的概念不等於指謂物的概念自身，而是，被概念指謂的物，不等於指謂物的概念。

【疏解】前一小節才說「物不等於指」公孫龍怕這樣的話使人誤會「物既非指」則「物莫非指」——「凡物是指」何能成立？於是再度強調「物莫非指」與「物非指」之可以同真。其意為：「指」固然是天下之所無，而「物」為天下之所有，因而有「物非指」之說。但是任何客觀存有之物之被認識、被指謂，不可以沒有「指」。因為無「指」則「物無可以謂物」。物既然不能沒有「指」以便被認識被指謂，這就表示沒有「非指之物」存在。易言之，凡是「物」都得被加上「指」，既然如此，凡「物」都是「指」了，亦即「物莫非指」了。

至於「指非指」，從字面上看顯然是個矛盾命題，所以公孫龍說：「指非非指也。」意即「指」不能「非指」。「指非指」說的並非「指」本身不等於「指」，那麼，是什麼「非指」呢？公孫龍接著說：「指與物，非指也。」「指」不能「非指」，「指與物」才「非指」，則指物論開頭所說的：「而指非指」的上「指」字顯然是指「指與物」而言。依此，「指非指」＝「『指與物』非指」。上節云：「物不可謂無指也。」前面又云：「天下無指，物無可以謂物。」依此任何「物」進入吾人之認識中，必與「指」相合。此即「指與物」之意。「指與物」在此應是名詞性之「詞組」，我們可以大膽斷言，「指與物」＝「是指之物」。（因為「物」是主體，「指」是附加成分，就文法或語意而言，「指與物」均應解作「是指之物」。）依此，「指非指」＝「是指之物非指」。以「是指之物非指」來界定「指非指」，不但於〈指物論〉之原文有據，而且可以消解「指非指」之自相矛盾。

至此，〈指物論〉之主旨——「物莫非指，而指非指。」之義蘊已明確表達無遺，底下公孫龍乃作一總述以結束全篇。

原文

使天下無物指㈠，誰徑謂非指㈡？天下無物，誰徑謂指㈢？天下有指，無物指，誰徑謂非指？徑謂無物非指㈣？

【今註】㈠物指：當是上節「指與物」之省改。㈡徑謂非指：「徑」，直也。「非指」乃「指非指」之省。㈢伍非百以為：「使天下無物指，誰徑謂非指？天下無物，誰徑謂指？」二句舊倒，又衍一「指」字。當作「使天下無物，誰徑謂指？天下無指，誰徑謂非指？」按此二句如伍氏所言，則語意較順當，可從。然謂衍一「指」字，則非是。故二句應作「天下無物，誰徑謂指？使天下無物指，誰徑謂非指？」㈣無物非指：即「凡物是指」或「物莫非指」。

【今譯】天下若沒有物，誰會逕直地造出概念？假使天下沒有被概念指謂的物，誰還會直說被概念指謂的物不等於指謂物的概念？假使天下只有概念，而不以概念去指謂物，使物與概念相合，那麼誰還會逕直地主張被概念指謂的物不等於指謂物的概念？誰還會逕直地主張天地萬物無非是指謂它的概念？

【疏解】「指」是用以指謂「物」的概念，而此概念乃是人對物有了認識才形成。因此，無物則指就無從產生。故曰：「天下無物，誰徑謂指？」此言指之產生以物為必要條件。就「夫名，實謂也。」而言，先有物後有指，有了物，就可產生指，並以之指謂物。當吾人對一物加一指去指謂或論謂時，就可得到「物是指」這一命題，物既是指，則「指」可以作為「物」之代稱。而此作為物之代稱之指，實際上是「物」與「指」相合而成的，亦即是含著物而言的。「天下無物指」之「物指」與上節「指與物非指也」之「指與物」皆指此而言。此亦即「指非指」之上指字。當指與物相合，且單以「指」作為「物指」，「物與指」之代稱時，才能說「指非指」，否則「指非指」就成了矛盾命題。故曰：「使天下無物指，誰徑謂非指。」由此更可證明：以「物」，「是指之物」解「指非指」之上「指」字，能道破公孫龍「物莫非指，而指非指」之本意。

復次，假使僅有「指」，而不以指去指謂「物」使之成為「物指」，則「指非指」一命題就無從成立。同理，如僅有「指」而不以指去指謂「物」，則「物是指」這一命題亦無從成立，更無法把「物是指」普遍化為「凡物是指」「無物非指」。故曰：「天下有指，無物指，誰徑謂非指？徑謂無物非指？」亦即必須以「指」論謂或指謂「物」，使「物」「指」相合，然後「物莫非指，而指非指」的理論才能成立。

原文

且夫指固自為非指，奚待於物，而乃與為指㈠？

【今註】 ㊀而乃與為指：金受申及伍非百皆以為「與為」下脫一「非」字。按：此說可從。

【今譯】 而且指謂物的概念本來就可以不等於指謂物的概念，何必等待與物相合，然後才能主張被概念指謂的天地萬物不等於指謂天地萬物的概念呢？

【疏解】 根據上文所述，「指非指」之上「指」字，應是「指與物」或「物指」或「是指之物」之省稱。此指字必如此界定，「指非指」這一論斷才能成立。否則就是一個矛盾命題。但是公孫龍卻在文末提出：「指固自為非指，奚待於物，而乃與為非指？」之說，這顯然與前面的立論嚴重牴牾。因為「指非非指也，指與物，非指也。」與「使天下無物指，誰徑謂非指？……天下有指，無物指，誰徑謂非指？」都顯然是在說明：「指」不能自為「非指」，必待與「物」相合而為「物指」或「指與物」時，才能說「指非指」。但是此處卻認為：「指」固自為「非指」，不必等待與「物」相合而為「物指」或「指與物」，就可逕直地主張「指」「非指」？關於這個矛盾，我們可作如下的解釋：就「物」與「指」之關係及其區別上言，必須而且唯有主張：「指非非指也，指與物，非指也。」而文末以為「指固自為非指」，則是把「指」與「物」的關係完全去除，純自「指」自身而言。若外延地說，「指」當然是「指」，而不能「非指」。但若從「指」自身的內容上說，則「此指」不等於「彼指」。如紅、白、黃、黑，皆是「指」，就這些指之所以為指的內容說，「紅」不等於「白」，亦不等於「黑」「黃」。每一指皆有其獨立性，皆有其自己之內容，故彼此皆不相等。它們之不相等是「自顯」的，不必與物發生關係後才「對顯」出來。故曰：「指固自為非指，奚待於物，而乃與為指？」依此，「指非指」之說有兩種不同的層次：一是就「物」與「指」之關係及區別說「指非指」，一是自每一「指」之內容之不相等說「指非指」。兩者立論角度既有不同，自可並行而不悖，同真而不矛盾。

【餘論】〈指物論〉的原文雖然只有二百六十餘字，卻因為文字上及義理上的夾纏，向稱難解。其實如能把全文前後會通以觀，並對其語意詳加比較解析，亦不難探其義蘊。

此文旨在闡述「物莫非指，而指非指」之義，天地萬物，人皆可根據其主觀與客觀的條件對之有不同程度的認識。當人對外物有了認識時，便在心中形成某（些）概念。而且習慣上總是基於他的認識，以所得之概念來指謂或論謂其所認識之物，而說「某物是某指」。如把它普遍化便成為「凡物是指」，此即「物莫非指」之意。而當人們說某物是某指時，總是自覺或不自覺地在「物」與「指」之間畫上等號，認為某「物」即某「指」，某「指」即某「物」。這對於「物」的認識來說是一個極粗率的冒險與錯誤。因為，「物」固然可以說它是「指」，但是「物」並不就等於「指」。兩者仍然有其界線的。公孫龍有鑑於此，乃在「物莫非指」之後，接著提出「而指非指」之說以破斥這種不正確的「認識模型」，這是他作〈指物論〉的動機與目的所在。

「物莫非指，而指非指」——一切「物」都是「指」，但是「是指之物」並不等於「指」——這是一個頗有價值的見解。公孫龍這個見解的理論基礎在於：「物」為天下之所有而「指」為天下之所無。換言之，「物」為在時空中存在之具體物，而「指」則為無時空性之抽象概念。這兩者絕對無法相等。由此可見公孫龍的理論是有其思想上的妥實性的。這也是極富啟發性的見解，它可以啟發人對「認識的問題」作更純哲學的、純思辨的探索。諸如人對「物」之認識之所以可能，由指以識物之真實性及其有限性，影響人對物之認識的種種因素——如：人所據以認識物的方法、範疇、知識水平、心理狀態、及社會習性等。如能對這些問題加以探討，不難發展成一套有系統的認識論。遺憾的是後人不但不能正視公孫龍的理論，並順著他的理論來開拓一個新的知識領城，反而羣起貶損，使得此種思想的新種苗未經培育立即枯萎，這是我華族文化發展過程中美中不足之事。

復次，文末「指固自為非指」之說，亦有其思想上之依據。公孫龍有一基本思想，此即〈堅白論〉中的「離獨而正」（〈堅白論〉云：「離也者天下，故獨而正。」）是也。「指固自為非指」之說即由此衍生出來的。每一「指」皆有其獨立自足之內容，故彼此皆不相等。既然「指固自為非指」，則「是指之物」之為非指自不在話下，故「指自為非指」之說不但與「物莫非指，而指非指」之「指非指」不矛盾，而且可以極成「物莫非指，而指非指」之說。同理，白馬與馬，堅與白亦皆有其獨立自足之內容，彼此皆自離自藏而不可渾融為一，故有「白馬非馬」「堅白離」之說。〈通變論〉之「變與不變」之理，〈名實論〉之「實其所實，位其所位」而正之說，亦應通過此「離獨而正」之思想以求得其確解。總之，「指固自為非指」，「白馬非馬」，「堅白離」，及〈通變論〉、〈名實論〉，皆是從「離獨而正」之基本思想一根而發的，由此，吾人可以看出公孫龍子各篇之思想有其一致性。

通變論

解題

〈通變論〉旨在闡明「變」與「不變」之理。天下一切「物」或「名」皆有它所特具的內容。此獨特之內容使一切「名」或「物」永遠「是它自己而非他」。在公孫龍看來，使一切「物」或「名」永遠「是它自己而非他」的內容，是永遠不變的。〈通變論〉中所說的「不變」即是指此而言。不過他在〈通變論〉中只是舉出某些特定的事例來說明變與不變，而沒有將變與不變之理作一個理論性的闡述。倒是其他各篇的某些理論可以作為〈通變論〉思想的理論根據。

〈名實論〉云：「物以物其所物而不過焉，實也。實以實其所實而不曠焉，位也。……位其所位焉，正也。」物之所以成其為物，所以能有其「位」而得其「正」，其關鍵在物之「實」。物之「實」即物之所以為物之獨特內容。有此獨特之內容，則物成其為物，而且能有其位而得其正。例如「牛」永遠是「牛」而且有「牛」之位，而不離其自己以成他物而得其正（若成他物，則「牛」不得其正），這完全是由於「牛」之「實」使然。牛之永遠「是其所是而非他」，這就表示「牛」之「實」是永遠不變的。〈名實論〉又云：「夫名，實謂也。」「名」既是「實」之謂，則名亦隨其所指謂之物實，有其不變的內容。

〈指物論〉云：「指固自為非指。」其意是說：一切「指」，彼此各不相等。不相等的原因是因一切「指」都有其獨特的內容，〈堅白論〉云：「離也者天下，故獨而正。」天下之物彼此相離而不相盈，也是由於一切物皆有其獨特之內容。一切物有其獨特之內容，故能獨立自存，彼此不相泯。因而「物」都能得其正。

總之，一切「物」及「名」之所以能「位其所位而正」，能「離獨而正」都是由於「物」及「名」皆有其永遠不變之獨特的內容。〈通變論〉所說的「不變」應透過上面所引的理論去求得瞭解。

〈通變論〉又云：「曰：右有與，可謂變乎？曰：可。曰：變奚？曰：右。」「左與右，可謂二乎？曰：可。」按：「右」這一個概念（名），有它所以為「右」的永遠不變之內容。所以當它與「左」相與而為二時，右仍然是「右自己」，亦即「右」仍然有右之獨特的內容。因而它是不變的，它還是它自己。故有「右變仍為右」之說。右變仍為右，即表示右之不變。右之所以不變，是因為右有它獨特的內容。「右」因有其獨特之內容，所以「右」能「位其所位而正」能「離獨而正」。「右」之不變，其理由在此。反之「右」若變為「他」，則表示「右」失去了它獨特的內容。如此，右就不能「位其所位而正」，不能「離獨而正」了。至於「右有與，可謂變」之「變」顯然不是指「右」之內容變（因為右之內容是永遠不變的），而是就「右」與「左」所發生的「相加關係」而造成的「數」以言變。任何關係皆是外在的，後加的，可以排列組合的。故為可變的，而且可以有無窮的變化。至於右（或其他之一切「名」或「物」）之內容，則是內在於其自己的，是本然的，不可割裂或混合的，所以是不變。簡而言之，就一切「名」及「物」之內容而言，它永遠不變，而由外在於其內容的種種關係所形成的新組合，對原來的「名」及「物」而言，則是「變」。〈通變論〉的主旨即在闡明這種「變」與不「變」之理。開頭「二有一乎？」及「二有右乎？」之問答，是導入討論主題「變」與「不變」之理的引言，而「羊合牛非馬」及「青以白非黃」兩組問答，則是以具體的事例作譬喻，以說明「變」與「不變」之理。明乎此，然後可貼切地瞭解〈通變論〉之義蘊。

原文

曰：「二有一乎？」

曰：「二無一。」

【今譯】難者說：「二可以有一嗎？」

公孫龍說：「二沒有一。」

【疏解】本篇也是由難者設問，由公孫龍作答，展開名理之論辯。依公孫龍之意，任何「物」或「名」（概念）皆有其獨立之自性，皆有其獨特之內容。而且此內容是本然如此的，它是一整全，絕不可加以割裂，移易或混合的。依此，「二」是一獨立自足的概念，它有它自己獨特的內容，它只表示「數之二」。「二」亦是一獨立自足的概念，有其獨特之內容，它只表示「數之二」。故「二」是「二」，「一」是「一」。「二」之為「二」非賴於一加一，或三減一，一乘二，四除以二而後才成其為「二」。同理，「一」亦非把「二」割裂對分，或由三減二而後方成其為「一」。換言之，「二」之為「二」是本然如此的，而非如上述經由加減乘除而後「二」才成其為「二」。「二」既非由「一」加「一」這種相加的關係而得出的，故曰：「二無一。」如果說「二」有「一」，則是把「二」割裂對分而成為兩個「一」然後再經過相加的關係而成為「二」。如此把「二」割裂成兩個「一」，則「二」就不是它自己而為兩個「非二之一」。「二」成為兩個「非二之一」，則「二」已非它自己而成為「他」（一）了，亦即「二」失去了它獨特的內容，而不能「位其所位」，不能「離獨而正」了。這顯然違背了公孫龍「不變」之理。故他主張「二無一」。總之，他是就任何概念之皆有其獨特的內容，而且「自是其所是而非他」的立場言「二無一」。

原文

曰：「二有右乎？」

曰：「二無右。」

曰：「二有左乎？」

曰：「二無左。」

【今譯】難者說：「二可以有右嗎？」

公孫龍說：「二沒有右。」

難者說：「二可以有左嗎？」

公孫龍說：「二沒有左。」

【疏解】公孫龍以「二無一」回答了難者「二有一乎？」之問題後，顯然難者並不同意對方的見解。但是並沒有加以反駁，而接著提出一連串的問題，目的是想套出對方立論的漏洞，本節公孫龍之答語的理論根據與前節相同。「二」是數目概念，「左」「右」是表示方位的概念，就每一概念之各有其特殊的內容而言，二當然無「左」亦無「右」。

原文

曰：「右可謂二乎？」

曰：「不可。」

曰：「左可謂二乎？」
曰：「不可。」

【今譯】難者說：「可以把右說為二嗎？」
公孫龍說：「不可以。」
難者說：「可以把左說為二嗎？」
公孫龍說：「不可以。」

【疏解】上節就概念之內容的性質不同，而言「二」無「左」無「右」。本節則自數目的觀點，言「左」「右」不可謂「二」。左、右如不把它們當方位概念看，而把它們數目化，則左是「一」，右也是「一」，第一節既已認為「二無一」，則左或右當然不可謂之「二」。

原文

曰：「左與右可謂二乎？」
曰：「可。」

【今譯】難者說：「一個左和一個右可以說成二嗎？」

公孫龍說：「可以。」

【疏解】「左」與「右」如就數目上說，都只是「一」，但是若「左」加「右」時，則在數目上就成為「二」了。故「左與右」可謂「二」。不過「左與右」可謂「二」並不表示「左與右」之內容可謂「二」，而是「左與右」所成之數目可謂「二」。依此，不僅「左與右」可謂「二」，即「上與下」、「大與小」……亦都可謂之「二」。下文之「羊牛二」可以為證。

原文

曰：「謂變非不變㊀，可乎？」

曰：「可。」

【今註】㊀謂變非不變：俞樾曰：「既謂之變，則非不變可知，此又何足問耶？疑『不』字衍文也。」譚戒甫曰：「按俞疑此有誤，是也。謂『不』字衍文，非也。疑『非』字本係『而』字，形似致誤也。」按俞、譚之說皆非。蓋無論依俞說作：「變非變」或依譚說作：「變而不變」皆違犯矛盾律。公孫龍絕無「曰：『可』」之理。謝注曰：「物有遷變之道，則不可謂之不變也。」按謝注亦未明難者所發「謂變非不變」之問之用意所在。難者「變非不變」無誤，可不改。說詳後。

【今譯】難者說：「說變不是不變，可以嗎？」

公孫龍說：「可以。」

【疏解】難者前面的發問，目的是想套出對方立論的漏洞，而對方的答語，在難者看來，已足夠成為他所要布置的「使對方自相矛盾的陷阱」的伏筆，所以就此打住。另外提出「謂變非不變，可乎？」的問話，誘使對方「曰可」，以陷對方於自相矛盾的窘境。

「變非不變」之意是：如果××變了，就不能說××不變。這是任何人所不能否認的，當然公孫龍也只有「曰可」而已。難者所以提出這樣一個平淡無奇的問題，目的是在使對方承認「變非不變」，以便與前後文形成矛盾，俞、譚之說不明難者問難之技巧，故妄加刪改。

原文

曰：「右有與，可謂變乎？」

曰：「可。」

【今譯】難者說：「右與左並舉，可以說是變嗎？」

公孫龍說：「可以。」

【疏解】「右有與」之「與」，合也。〈白馬論〉：「合馬與白復名白馬。是相與以不相與為名。」即以「合」為「與」。「左」「右」為相偶之詞，故「右」有所與時，其所與者，必是指「左」而言。依此「右有與」即「右與左」之意，左、右本來皆只是「一」，而當左、右並舉，而為「右與左」時，就成了「二」（左與右可謂二）。由「一」而為「二」，這樣顯然在數目上已有了變化，故「右有與」可謂之「變」。

原文

曰：「變隻㊀？」

曰：「右。」

【今註】㊀隻：俞樾曰：「變隻，無義。隻疑奚字之誤。變奚者，問辭也。」按俞說是。

【今譯】難者說：「變成什麼？」

公孫龍說：「右。」

【疏解】「右有與」可謂「變」，乃是就外在於右之內容所產生的外在的關係處而言變，並非指「右」之內容有所變。右本來只是「一」，當它和左「相與」而為「二」時，固然是變，但只是右和左「相與」時在數目上有了變化，而內在於右的內容，則仍然不變。所以，公孫龍所承認的「右有與，可謂變」之「變」，是指右之外在關係有所變而已，至於右之內在的內容，則不變。故「右有與」之變，不影響右之為右。因此，當難者問「變奚」時，公孫龍就以「右」作答。

原文

曰：「右苟變，安可謂右？苟不變，安可謂變？」

曰㈠：「二苟無左又無右，二者左與右奈何㈡？羊合牛非馬，牛合羊非雞。」

【今註】㈠曰：楊壽籛以為「二苟無左又無右」上有「曰」字不可通。按：此「曰」字當下移於「羊合牛非馬」之上。㈡二苟無左又無右，二者左與右奈何：陳柱疑此十四字當在「曰左與右可謂二乎」之下。按如依陳說將此十四字前移，則與「曰左與右可謂二乎」下公孫龍之答語「曰可」文氣不連貫。故如欲前移，則當移置公孫龍之答語「曰可」之下，文氣方能連貫。然如此移置，則與難者之語「謂變而不變可乎」文義無法連貫，故仍以不更動為宜。

【今譯】難者說：「右若變了，還怎麼說是右呢？如果沒變又怎麼能說它變呢？」「若是二沒左也沒右，那麼你前面說過左和右可以謂之二，又是怎麼一回事呢？」

公孫龍說：「羊與牛相合不是馬，牛與羊相合不是雞。」

【疏解】 難者以「二苟無左又無右，二者左與右奈何？」與「右苟變，安可謂右？」及「苟不變，安可謂變？」把前面公孫龍的立論歸納成三組矛盾命題，以非難對方，言詞十分犀利。茲根據雙方之立論，分別就此三個問題加以探討，並判定其是非如次：

一、「右苟變，安可謂右？」：公孫龍在前面同意「右有與，可謂變」而變的結果，「右」仍為「右」。這就成了「變而不變」。就此命題之形式看，「變而不變」是一自相矛盾之命題。在此之前，公孫龍又承認「變非不變」。這樣一來，「變而不變」與「變非不變」又成為一對矛盾命題。「變而不變」就其自身而言，是自相矛盾，而就其與「變非不變」言，是彼此矛盾。依此公孫龍是犯了雙重矛盾。其實，公孫龍之所謂「變」是扣緊「右有與」，亦即「右與左相加而為二」之處言「右」之變，換言之，是就「右與左」所發生的相加關係而言變。至於「右變仍為右」，亦即「變而不變」中的「不變」則是就「右」的內容而言不變。依此，「變而不變」中的「變」是指「右」與「左」的相加關係而言，而「不變」則就「右」之內容不變而言。如此「變」與「不變」各有所指，故不構成自相矛盾的情形。至於「變非不變」中之「變」與「不變」都是就同一的對象而言，而「變而不變」中的「變」與「不變」則是分別指不同的對象而言。故「變非不變」與「變而不變」其實是不同層次的命題，所以也不構成矛盾。

二、「苟不變，安可謂變？」：「右變仍是右」這是不變。「右」既是不變，而「右有與」又可謂之變，如此右成了「不變而變」。就字面上看，「不變而變」亦是一矛盾命題，但是「右之不變」與「右有與之變」根本不同層次，故亦不算矛盾。

三、「二苟無左又無右，二者左與右奈何？」：這一問是針對公孫龍前面「二無左又無右」「左與右可謂二」之說法而發的。照理「二」既無「左」又無「右」，則「左」與「右」不能謂之「二」。而公孫龍卻謂之「二」，這似乎也構成自相矛盾。但是公孫龍是就「二」之內容言其無「左」無「右」，而就「左」與「右」相加而成之數目說「左與右，可謂二」。「左與右，可謂二」並不表示「二」有「左與右」之內容，所以「二無左與右」與「左與右可謂二」亦不構成矛盾。

總之，就語意的解析，及公孫龍的立論根據而言，難者提出的三問題，皆不能難倒公孫龍，使公孫龍陷於矛盾的窘境。針對這樣的責難，公孫龍原本可就語意的解析及他的基本思想，作直接的答覆，以消解對方的責難，然公孫龍不此之圖，反而繞出去以「羊合牛非馬，牛合羊非雞」的譬喻作答，因而引出許多纏夾不清的問題來。至於「羊合牛非馬，牛合羊非雞」之意義為何？則詳下文。

原文

曰：「何哉？」

曰：「羊與牛唯㊀異，羊有齒，牛無齒㊁。而羊牛之非㊂羊也，之非牛也㊃，未可。是不俱有，而或類焉。」

【今註】㊀唯：孫詒讓曰：「唯與雖通。」㊁牛無齒：譚戒甫曰：「此牛無齒，乃指無上齒言；以其無全齒，故曰無齒耳。」按《本草綱目》云：「兩旁曰牙，當中曰齒。」牛之上顎無門牙及犬牙，故此言牛無齒，實乃謂牛之上顎無門牙及犬牙也。㊂非：無也。下文「羊合牛非馬也，非馬者，無馬也。」即以「無」解「非」。㊃而羊牛之非羊也，之非牛也，未可：按此據道藏本。各本多作「而牛之非羊也，牛之非牛也，未可。」孫詒讓改作：「而牛之非羊也，羊之非牛也，未可。」牟宗三先生《公孫龍子通變論篇疏解》對此三種不同讀法有極詳盡之評述，認為仍以「而羊牛之非羊也，之非牛也，未可。」之讀法為是，茲從之。

【今譯】難者說：「為什麼？」

公孫龍說：「羊和牛雖然不同，羊有全齒，牛無全齒，假使把兩種動物合在一起，而成為『羊牛』時，就說『羊牛』不是羊不是牛，那是不可以的。羊、牛不俱有『羊牛』的內容，而羊、牛仍與『羊牛』有部分類同之處。」

【疏解】羊、牛之差異處甚多，而公孫龍單舉有齒、無齒以概括羊、牛之差別。公孫龍之意是：羊、牛雖異——一有全齒，一無全齒；但是，如果把這兩種動物合在一起，而成為「羊牛」時，就說「羊牛非羊，非牛」那是不可以的。因為羊與牛合成「羊牛」時，對羊、牛而言是變，但是羊、牛之內容並不因為二者之相合而變。就如「右有與」（右所與者是左，故「右有與」即「右與左」）。故「右有與」與「羊合牛」同一意義。）對右而言是變，但是「右變」只表示「右」與「左」所發生之關係有所變，而右之內容則不變，故右仍是右。同理，羊與牛相合而為「羊牛」時，牛、羊之內容仍然不變，羊仍是羊，牛仍是牛，它們不因「羊合牛」而喪失其內容，故曰：「羊牛之非羊，之非牛，未可。」如果羊、牛並舉（羊合牛），而在現實上產生一種既是牛，又是羊的動物，亦即現實上如果能夠有一種既有羊又有牛之內容的動物的話，（事實上那是不可能的，因為不管就理論或現實上言，絕對不可能有既「無齒」又「有齒」的動物），則「羊牛之非羊也，之非牛也。」這一論斷就可成立。但是就「物」之「物其所物而不過焉」，亦即就任何「物」皆「自是其所是而非他」言，牛合羊而成「羊牛」時，「羊牛」仍保有羊、牛之內容，故「羊牛」只能「是羊是牛」而不能說它「非羊非牛」（下文「羊牛二，是而羊而牛，非馬，可也。」即在申明此義。）「是不俱有，而或類焉。」一語，各家的解說出入頗大，依上下文氣，「是不俱有，而或類焉。」顯然是用作上面「羊牛之非羊也，之非牛也，未可。」之註腳，故「是不俱有」應作如下解：「是」字為代名詞，分別指羊、牛而言。

「不俱有」指「羊」或「牛」不俱有「羊牛」之內容。「羊」或「牛」雖不俱有「羊牛」之內容，但是「羊牛」仍然涵有「羊」、「牛」之內容，故「羊」或「牛」與「羊牛」仍有部分類同之處，亦即「羊」、「牛」與「羊牛」有其部分相同的內容，所以不能說「羊牛」非牛、非羊。（「是不俱有，而或類焉。」如解為：「羊牛雖不俱有全齒，然而羊牛卻仍是同類。」則與上文「羊牛之非羊也，之非牛也，未可。」文義上完全無涉，故不可從。）

又按本節文字旨在重申「變」與「不變」之理，以回答難者「右苟變，安可謂右？」的責難。並為「右有與為變，而右變仍為右」之說作辯護。其意是：「右有與」及「羊合牛」對右、左；羊、牛而言是變；因為，就「數」的觀點而言，右、左；羊、牛皆是「一」。而當「右」與「左」「相與」時，「右」就由「一」進而與「左」合而為「二」。「羊」與「牛」合時，「羊」就由「一」進而與「牛」相合而為「二」。這樣，對「右」與「羊」、「牛」而言，是一變化。但這種變，是指「右」、「羊」、「牛」之與「他」所發生之關係而言。至於「右」、「羊」、「牛」之內容，則仍是不變的。「羊牛」對「羊」、「牛」而言是變，但「羊牛」仍有「羊」、「牛」之內容。換言之，「羊牛」之變不影響到「羊」、「牛」之內容，故「羊牛」仍是「羊」仍是「牛」，亦即「羊牛」仍有「羊」、「牛」之內容，故不可說「羊牛非羊非牛」。下文「羊不二，牛不二，而羊牛二，是而羊，而牛，可也。」亦是此意。

原文

「羊有角、牛有角。牛之而㈠羊也；羊之而牛也，未可。是俱有，而類之不同也。」

【今註】㈠之而：謝希深曰：「『之而』，猶『之為』也。」按謝說是，下句「羊之而牛也」之「之而」同此。

【今譯】「若只因羊有角，牛也有角，就認為牛就是羊，羊就是牛，這也不可以。它們即便都有角，卻是不同類之動物。」

【疏解】公孫龍在本節中所說的內容雖與上節不同，但是其基本思想則是一致的，都在申述其「不變」之理。就物之「是其所是而非他」而言，「羊」、「牛」皆有其獨特的內容，故牛是牛，羊是羊；牛之為牛，羊之為羊是不變的。本節是就「羊」、「牛」雖同有角，卻不能據此泯滅「羊」、「牛」在內容上之差異性，以言「羊」、「牛」內容之「不變」。而上節則是就「羊」雖與「牛」合成「羊牛」，而「羊」、「牛」之個別內容，卻不因「羊」「牛」之相合而變，以明「羊」、「牛」內容之「不變」。故這兩節所表達的思想是相通的、一致的。

原文

「羊牛有角，馬無角；馬有尾，羊牛無尾㊀。故曰：羊合牛非馬也。非馬者，無馬也。無馬者，羊不二，牛不二，而羊牛二。是而羊，而牛，非馬，可也㊁。」

【今註】 ㊀羊牛無尾：譚戒甫曰：「羊牛無尾，謂無鬃毛長尾。與前『牛無齒』辭例正同。」

㊁「無馬者，羊不二，牛不二，而羊牛二。是而羊，而牛，非馬，可也。」此中「羊不二，牛不二，而羊牛二。」與上下文之文義不連貫，疑有錯簡。如將它移於「是而羊，而牛，非馬，可也。」之下，則可避免割斷文氣之病。故此改動之後之句讀應作：「無馬者，是而羊，而牛，非馬，可也。牛不二，羊不二，而羊牛二。」

【今譯】「『羊牛』有角，馬沒有角；馬有鬃毛長尾，『羊牛』沒有鬃毛長尾。所以說：羊與牛相合不是馬。不是馬，就是沒有馬，沒有馬意謂著『羊牛』是羊，是牛，但說它不是馬，是絕對正確的。牛不是二數，羊不是二數，而『羊牛』是二數。」

【疏解】「羊牛有角，馬無角；馬有尾，羊牛無尾。」這是以角、尾之有無，以概括分別「羊牛」與「馬」之內容不同。「羊」「牛」既無「馬」之內容，則「羊」合「牛」而成的「羊牛」當然是「非馬」。就物之「實其所實而不曠」而言，「羊合牛非馬」這一命題只在表示：「羊牛」有「羊」有「牛」之內容，而無「馬」之內容，它可以是「羊」、是「牛」而絕非「馬」。故曰：「無馬者，是而羊，而牛，非馬，可也。」

至於「羊不二，牛不二，而羊牛二。」則在重申「二無左，又無右；左不可謂二，右不可謂二；而左與右可謂二。」之意，以回答難者「二苟無左又無右，二者左與右奈何？」之責難。按難者之意是：「二」既無「左」，無「右」，則「左與右」焉能謂之為「二」？公孫龍之意則是：右（左）有它所以為「右」（左）之內容，所以它不能是「二」。同理，「羊」、「牛」皆有其獨特之內容，皆有其所以為「羊」、「牛」之自性，所以它們也不能是「二」。故曰：「羊不二，牛不二。」至於「左與右」之所以可謂之「二」，則因把「左」、「右」之內容撇開不談，而把它們數量化，亦即把它們當作一個數量看待，然後就其「加和」而言其為「二」。所以「二」無「左」無「右」，並不妨礙「左與右」之為「二」。同理，「羊」、「牛」就其內容言無「二」；「二」亦無「羊」、「牛」之內容。但是若將「羊」、「牛」數量化，且就其「羊合牛」之加和而言，則「羊牛」當然可謂之「二」。故曰：「羊不二，牛不二，而羊牛二。」

難者在前面一連指出了公孫龍之立論有三處自相矛盾，公孫龍則以上述之理由來回答對方，以明其思想之不矛盾，而其立論依據仍是前述的「變」與「不變」之理。

原文

「若㈠舉而以是㈡，猶㈢類之不同。若左右猶是舉。」

【今註】㈠若：王琯曰：「若字疑衍，似涉下『若左右』句而誤。」㈡舉而以是：是，此也。指「羊合牛非馬。」而言。「舉而以是」，簡言之，即「舉是」之意，亦即舉「羊合牛非馬」為言之意。㈢猶：猶通由。譚戒甫曰：「猶，當假為由。二字古以同韻通用。」

【今譯】「以上舉『羊合牛非馬』為言，乃是因為『羊牛』與『馬』之間無相類之處。至於上面所說有關『左右』之理論與『羊合牛非馬』之理論是相通的。」

【疏解】前面所以說「羊牛之非羊也，之非牛也，未可。」這是由於「羊」或「牛」與「羊牛」之間，有其相類之處，故不能說「羊牛」非「羊」非「牛」。至於上節舉出「羊合牛非馬」之說，並說「非馬，可也」的理由，乃是因為「羊牛」與「馬」之間無相類之處，亦即彼此之內容不同，因此可以說「羊合牛非馬」，故曰：「舉而以是，猶類之不同。」至於「若左右猶是舉」之意是：上節所說有關「左右」之理論，與上節「羊合牛非馬」之理論，是相通的。

茲將二者所以相通之理由，敘述如下：

就物之內容上言，「羊牛」與「馬」不同類，故「羊合牛非馬」。同理，「二」（上節有「而羊牛二」之言，故「二」可與「羊合牛」「羊牛」相比論。）亦無「左」「右」之內容，故曰：「二無左，二無右。」此其一。「羊不二，牛不二。」，亦即「左不可謂二，右不可謂二」之意，此其二。「羊牛二」即表示「羊合牛」可謂「二」，這與「左與右可謂二」之意，亦是相同的。此其三。有此三點相似，故曰：「若左右猶是舉。」換言之，公孫龍是用前節「羊合牛非馬」，以及圍繞此一命題之理論來重申前面「二無左，無右；右不可謂二，左不可謂二；左與右可謂二。」之理。「左右」與「變與不變」之辯論至此本可收場，但是公孫龍卻又提出「牛合羊非雞」之說，以致節外生枝，引發另一論戰。

原文

「牛羊有毛，雞有羽。謂雞足，一。數雞足，二。二而㈠一，故三。謂牛羊足，一。數足，四。四而一，故五㈡。牛、羊足五，雞足三。故曰：牛合羊非雞。非有以非雞也㈢。」

【今註】㈠而：猶與也。訓見經傳釋詞。下「四而一」之「而」字同此。㈡「謂雞足……四而一，故五」：謝希深曰：「人之言曰：『羊有足，牛有足，雞有足。』而（譚戒甫云：「而」同「如」。）

不數其足，則似各有一足而已。然而歷數其足，則牛羊各四，而雞二；並前所謂一足，則牛羊各五足，而雞三足（譚戒甫云：原缺「雞三足」字，今補。）矣。」㊂非有以非雞也：「非有」即無也。此指「無雞」而言。「以」，因也，故也。前云：「非馬者，無馬也。」此云：「非有以非雞也」二者同義。「非有以非雞」即「牛合羊無雞，故謂之非雞也」之意。

【今譯】「牛和羊有毛，雞有羽。單說雞足，為一之數。數雞足則為二之數。數的二加上單說雞足的一，因而成為三足。單說牛足、羊足，各為一之數，數牛足、羊足，則各為四隻。數牛、羊足所得出的加上單說牛足、羊足的一，就成為五了。如此，牛和羊足各為五隻，雞足為三隻。所以說：牛與羊相合不是雞。牛羊不像雞有三足，所以說它非雞啊。」

【疏解】「牛羊有毛，雞有羽」與前面「羊牛有角，馬無角，馬有尾，羊牛無尾」一樣，其目的只在說明「牛合羊」與「雞」有不同的內容，二者不同類。若與前文相對應，本可就此得出「牛合羊非雞」的結論。因為「牛合羊」無「雞」的內容，所以非雞（非有以非雞也）。但是公孫龍卻於此處突然冒出「牛羊足五，雞足三」之說，這完全是無謂的琦辭。其意是：如單說「雞足」、「牛羊足」而不管其內容及其足數，則雞之足、牛羊之足，皆只是「一」，故曰：「謂雞足，一；謂牛羊足，一。」若數雞之足數，則有二。由「謂」及「數」雞之足可得出「三」這個數。「謂」及「數」牛羊之足，可得出「五」這個數。公孫龍就根據此「雞足三，雞有羽」及「牛羊足五，牛羊有毛」而說「牛合羊」中無「雞」，以得出「牛合羊非雞」之結論。公孫龍這種「雞足三，牛羊足五」之說是毫無意義的。因為雞足三，牛羊足五之說，只在說明牛羊與雞足之數不等，以明「雞」與「牛羊」之「無以類」。但是「雞」與「牛羊」之足數本就不等，何必再加上「謂足」之「一」呢？因為任何不等的兩數，各加以同一數字，其數仍然不等，所以說這是一種無謂的琦辭。

原文

「與馬以雞，寧馬㈠。材，不材，其無以類審矣。舉是亂名，是謂狂舉㈡。」

【今註】㈠與馬以雞寧馬：與，如也；以，與也（訓見《廣雅》）。此句即「如馬與雞，寧取馬也」之意。與下文「與其碧寧黃」同一語法。㈡舉是亂名是謂狂舉：「是」：此也。作代名詞用。指「牛合羊非雞」而言。譚戒甫曰：「各本多作『舉是謂亂名，是狂舉。』『謂』字錯誤在上也。子彙本守山閣本繹史本傅本皆不誤；茲據乙正。」按譚說是，當從。「狂舉」孫詒讓釋之曰：「舉之當者曰正，不當者為狂。」

【今譯】「如果要在『羊合牛非馬』與『羊合牛非雞』之間作一選擇，我寧願選擇『羊合牛非馬』。因為馬的質性與羊牛相近而雞的質性與羊牛不同。雞與牛羊不相類似，是很明顯的。如把不同類的

『羊牛』與『雞』放在一起作為舉證，那便是亂用名言，也就是一種荒謬的舉說之法。」

【疏解】難者就「變」與「不變」及「左右二」等問題指出公孫龍嚴重違犯矛盾律，公孫龍乃以「羊合牛非馬」及「牛合羊非雞」之說回答對方辯明自己並不矛盾。就命題之形式及其思想依據而言，「羊合牛非馬」與「牛合羊非雞」是一致的。而且雙方的辯論到此已可結束。但是他卻突然提出「如馬與雞，寧馬」之說，並且以「牛合羊非雞」為「亂名」為「狂舉」。而其所以為「狂舉」的理由，端在於牛羊與雞之「材，不材，其無以類。」難者對此不能瞭解，所以他要求再作「他辯」。公孫龍乃以「青以白非黃」及「白以青非碧」作答。其意是以「青以白非黃」喻「羊合牛非馬」，以「白以青非碧」喻「牛合羊非雞」。而且以「青以白非黃」為正舉，以「白以青非碧」為「非正舉」。故本節所論應對照下面「非黃」、「非碧」之說，方能求得其解。

青、白、黃皆是五正色之一（另二色為赤、黑），而碧則為間色、雜色。本節「材，不材」顯然是分別指馬、雞而言（譚戒甫曰：「馬為材，雞為不材。」）材，質性也。不材，即質性不同之意。「馬」與「羊牛」同為獸，而「雞」與「羊牛」則一為禽，一為獸，二者之質性不同。「黃」與「青白」同為正色，而「碧」與「白青」則一為間色，一為正色，二者之質性亦異。據此，則「材，不材，其無以類」應解為：「馬」與「羊牛」同為獸，二者之質性相同，其間有相類之處；而「雞」與「牛羊」一為禽，一為獸，二者質性不同，其間無相類之處。同理，「青白」與「黃」相類，而「碧」與「白青」無以類。公孫龍以「有以類」之「黃」為「正舉」，以「無以類」之「碧」為「非正舉」。而

「雞」與「碧」同為「無以類」，故公孫龍以「牛合羊非雞」為「亂名」為「狂舉」。依此，本節所論應解釋為：如於「羊合牛非馬」與「牛合羊非雞」間作一選擇，寧願取「非馬」之說，而不取「非雞」之說。因為「馬」與「羊牛」同為獸，其質性相同。而雞為禽，牛羊為獸，二者之質性不同，彼此間無相類之處。如果舉用這種「不材，無以類」之言——「牛合羊非雞」，那就患了亂用名言之病，所以凡是舉用「不材，無以類」之名言，就叫「狂舉」。由本節看來，「正舉」與「狂舉」之分，只在指出用名之妥當與否。以下文字即在申論此意。

原文

曰：「他辯。」

曰：「青以㈠白非黃，白以青非碧。」

曰：「何哉？」

【今註】 ㈠以：猶與也。「青以白」與前「羊合牛」、「左與右」之句法同。故「以」、「合」、「與」為同義字。王琯曰：「以、與聲相通。禮燕禮：『君曰：以我安。』註：『猶與也。』」

【今譯】 難者說：「再以其他方式加以說明。」

公孫龍說：「青色與白色相合不是黃色，白色與青色相合不是碧綠色。」

難者說：「為什麼？」

【疏解】 難者不知「如馬與雞，寧馬。」及「亂名狂舉」之意，所以要求對方再以其他方式加以說明，而公孫龍乃以「青以白非黃」及「白以青非碧」作答。而難者對此話頭仍不得其解，所以公孫龍就進一步對這兩個命題，加以解說如後。

原文

曰：「青白不相與㈠而相與，反而對也㈡。不相鄰㈢而相鄰，不害其方㈣也。不害其方者，反而對。各當其所㈤，左右不驪㈥。」

【今註】 ㈠相與：與，合也。與上「右有與」之「與」字同義，「相與」即相合也。㈡反而對也：譚戒甫曰：「反而對也句，原缺『而』字，茲據下文『反而對』句增。舊本似亦有而字，觀注（按：指謝希深注）便知。」按：譚說是，茲據增。㈢不相鄰：謝希深注曰：「青者，木之色，其方在東；白者，金之色，其方在西；東西相反而相對也。東自極於東，西自極於西，故曰：不相鄰也。」㈣方：併船也。見說文。《爾雅・釋水》：「大夫方舟。」注：「併兩船也。」引申為併之意。《莊子・山木》：「方舟而濟於河。」釋文：「方，併也。」㈤各當其所：此句當為「各當其所實，各當其所位。」之省。〈名實論〉云：「物以物其所物而不過焉，實也。實以實其所實而不曠焉，位也。……位其所位焉，正也。」本不相與不相鄰之「青」「白」，雖相與相鄰，而「青」「白」能各「實其所實，位其所位」，仍為「青」「白」而不相雜，斯之謂「各當其所」。故曰：「各當其所，左右（當作青白，說見下注）不驪。」㈥左右不驪：驪，雜也。謝希深曰：「驪，色之雜者。」「左右」疑為「青白」之誤。下文以「青驪乎白為碧。」為「非正舉」；又云：「非正舉者，名實無當，驪色彰焉。」既以「青白驪」為「名實無當」，而此云：「各當其所，左右不驪。」則「左右」當為「青白」。

【今譯】公孫龍說：「青色與白色本來不是同色，把它們合在一起，彼此正相反對。青色與白色本來是不相鄰接的顏色，把它們相互鄰接，並不妨害它們的並存。不妨害它們並存的緣故是因為顏色相反方位相對，且能各守其位，因此青色與白色不相參雜。」

【疏解】《禮記‧玉藻》云：「衣正色，裳間色。」古人以青、黃、赤、白、黑為正色；而以二色相廁雜或相合為間色。青、白皆是正色之一，青自為青而不與白（或其他顏色）相合；白亦自為白而不與青相合。現在說「青以白非黃」，則是把「青」、「白」合在一起。把本不相合的「青」、「白」合在一起，故曰：「青白不相與而相與。」謝注曰：「青者，木之色，其方在東；白者，金之色，其方在西；東西相反而相對也。」這顯然是以五行之說解釋「反而對」之意。青、白本是相反之色，現在把它們合在一起，使成對偶而為二，這和把方位相反的左、右合在一起而為二（左與右可謂二）是一樣的。故曰：「反而對也。」青、白一東一西，本不相鄰近，現在說「青以白」則是把不相鄰近之色相合使成相鄰。但是這樣做並不妨礙「青」、「白」之並存。換言之，把青、白使之相與相鄰，青仍自為青、白仍自為白。猶如「左」與「右」合而為二，左仍為左，右仍為右（右變仍為右）。又如把「羊」「牛」合在一起，羊仍為羊，牛仍為牛（「羊牛之非羊也，之非牛也，未可。」）故曰：「不相鄰而相鄰，不害其方也。」青白相鄰而不妨礙「青」「白」之並存，此即表示把青、白合在一起，白仍是白，青仍是青。「青」「白」仍然是相反之二正色。故曰：「不害其方者反而對也。」這也同時表示「青」、「白」能各自保有自性，能「實其所實，位其所位」而各得其正。亦即青、白不相雜而成他色，故曰：「各當其所，青白不驪。」

又公孫龍之時是否出現以五行配五位之說，亟待考證。若已有此說，則上面之解說當然成立。若無其說，則「反而對」及「相鄰」當另作解釋。然而這在思想的實質上，並不至於造成意義上的大差異。因為上面的解說與前面「羊合牛非馬」及「左與右」之說是相通的。茲再簡單比論如下：「青與白」反而對，「左與右」亦是反而對。「青」「白」雖相與相鄰，卻能「不害其方」，能「不驪」。同理，「羊」雖與「牛」合而成「羊牛」，但是「羊牛」仍是羊，仍是牛，而不能謂之「非羊」「非牛」。「左」與「右」雖可謂之「二」，但「左」仍是左，「右」仍是右，彼此不至於相混雜。總之，本節的解說，與前半之解說，在思想上有其一致性。

原文

「故一於青不可，一於白不可，惡乎其有黃矣哉？黃其正矣，是正舉也。其有君臣之於國焉，故強壽矣㈠。」

【今註】㈠其有君臣之於國焉，故強壽矣：金受申曰：「疑『其有君臣之於國焉』之『有』字，為『若』字之譌。」伍非百曰：「有當作若，形譌致誤。」陳柱曰：「『其有』疑『其猶』聲近之誤。」此二句疑為後人所加，非公孫龍子原文，說詳下文。

【今譯】「所以，既不能把白色合一於青色，也不能把青色合一於白色。那裏還會有黃色呢？但是黃色是正色，用它來舉說事實，也是正確的舉說法。正如君臣都能正確地治理國家，國家因而也就強盛，國君克享高壽了。」

【疏解】「青」「白」雖使之相與相鄰，卻能「不害其方」能「各當其所」而不驪，這就表示「青」「白」能各自「持有其自性而不走失」，能「實其所實，位其所位」而得其正，亦即「離獨而正」。既是如此，則青與白「相與」「相鄰」時，不能使其中任何一色消失而只剩其他一色。因為「一於青」或「一於白」皆違背了「離獨而正」、「位其所位焉，正也」的思想。「青以白」既已不可「一於青」或「一於白」，則「青以白」如何能有與「青」、「白」無關的「黃」呢？換言之，即「青以白」非「黃」。故曰：「故一於青不可，一於白不可，惡乎其有黃矣哉？」至於「黃其正矣，是正舉也。」乃是針對下文「碧則非正舉矣。」而言。依公孫龍之意，「青以白非黃」一命題中之「青」、「白」、「黃」皆為正色，故「黃」與「青白」相類。猶如「羊合牛非馬」中之「馬」與「羊牛」同類。「有以類」而舉以為言，則為「正舉」，故曰：「黃其正矣，是正舉也。」至於「碧」則為雜色，與「青白」之正色「無以類」。猶如「雞」與「羊牛」「無以類」，無以類而舉以為言，則是「狂舉」，故曰：「碧則非正舉矣。」公孫龍是以「黃之正舉」、「碧之非正舉」以喻「如馬與雞，寧馬。」之說。至於雞、碧之為「狂舉」為「非正舉」之理由，以及「非正舉」「狂舉」的涵義，則詳下節。

又現存公孫龍子各篇之內容皆屬「純名理之思辨」，文中雖有好「玩琦辭」之處，卻不以政治上之人事關係作譬喻，亦不以具體之政教問題作為討論之主題。唯獨〈通變論〉有「其猶君臣之於國焉，故強壽矣」「暴則君臣爭而兩明也」之說。這與其他各篇之風格顯然不調和，故疑為後人所加。然無確證之前，姑且順其上下文義為之疏解如下：依下文之意「青」「白」相雜而爭勝爭明則為「碧」，猶如君臣之相爭勝。如此，則「青」、「白」、「君」、「臣」皆不能得其正，故皆是「非正舉」。而本節云「黃其正矣，是正舉也」則表示「青」「白」不相爭，猶如「君」「臣」（謝希深注：「白以喻君、青以喻臣、黃以喻國。」）皆如其分，如其位，各掌其所司，而不彼此爭勝爭明。亦即能君君、臣臣、則國強而君壽矣。（謝希深注：「君臣各正其所舉，則國強而君壽。」）

原文

「而且㈠青驪乎白，而㈡白不勝也。白足之㈢勝矣，而不勝，是木賊金也㈣。木賊金者碧，碧則非正舉矣。」

【今註】㈠而且：「而」猶如也；「且」亦「如」也，訓見經傳釋詞。「而且」為表假設之複詞。㈡而：則也，訓見經傳釋詞。㈢之：孫詒讓曰：「之當作以。」按孫說不確，之，則也，訓見經傳釋詞。㈣木賊金也：五行相勝之說但有「金賊木」而無「木賊金」，此處反用，乃謂：青既雜白，似白勝而終不勝，以白既雜青，或將不復再白，譬若青木之賊白金，反五行之正理。

【今譯】「如果使青色與白色相混雜，則白色不能勝過青色，白色若有足夠的量，則可能勝過青色。然而若不勝，就好比是青色的木傷害白色的金，是反五行之理的。白色的金被青色的木傷害，就變成混雜的碧綠色，用碧綠的雜色比擬事物，就是不當的舉說法。」

【疏解】本節之意是：如果使青色與白色相混雜，則青、白皆不能「保持其自性而不走失」。如就色質之濃淡而言。青、白相雜，則白必勝不過青。但是如果「白」有足夠的「量」，則「白」必能因「量」之增多，而促成質之變，使「青」敵不過「白」，故曰：「而且青驪乎白，而白不勝也。白足之（則）勝矣。」總之，「青」「白」相驪，則其結果或是「白」不勝，或是「青」不勝（以「白足」為條件）。不管「青」不勝，或是「白」不勝，只要有「不勝」之現象，則「青」、「白」皆不能保有其自性，而成另一種顏色——「碧」；「青」「白」相驪而為「碧」，此為「非正舉」。故曰：「而不勝者碧，碧則非正舉矣。」至於「不勝則碧」之為「非正舉」的理由，則詳下。

原文

「青白不相與而相與㈠，不相勝㈡，則兩明也。爭而明，其色碧也。」

【今註】 ㈠青白不相與而相與：即前「青白不相與而相與，……青白（左右）不驪。」之省。㈡不相勝：承上節「青驪乎白……而不勝。」而言。

【今譯】「青色與白色本來不是同色，把它們合在一起。如果兩色彼此不相爭勝，則青、白二色均可保持其本色，而維持兩色分明。相反的，如果兩色相互爭明，則必互相混雜而變成碧色。」

【疏解】 本來「不相與」之「青」「白」若只是使它們「相與」，但「不相勝」，則「青」仍為「青」，「白」仍為「白」。相反的，如果使青、白「相驪」，則其結果必是：或「白」不勝「青」，或「青」不勝「白」。白不勝青是青勝白以自明其色，青不勝白則是白勝青以自明其色，總之如果

「相勝」則必「此」勝「彼」以自明，或是「彼」勝「此」以自明。故曰：「不相勝，則兩明也。」青白如果相驪而爭勝爭明，則不管青勝或白勝，總因為雜有「他色」，致使青色成為非原來的青，白也不再是原來的白，而為另一種間色的「碧」，故曰：「爭而明，其色碧也。」

原文

「與其碧，寧黃。黃，其馬也，其與類乎㈠。碧，其雞也，其與暴乎㈡。」

【今註】㈠其與類乎：其，代名詞。兼指黃、馬而言。「乎」同「也」，非疑問助詞。「與」字下省一代名詞「之」字。此「之」字乃兼指「青白」、「羊牛」而言。「其與（之）類乎」乃承上「材，不材，其無以類。舉是亂名，是謂狂舉。」以言「黃」與「青白」類，「馬」與「羊牛」類。下「其與暴乎」之句法同此。㈡其與暴乎：譚戒甫改「暴」為「異」，疑其形近致誤。按：此疑甚是。前云：「如馬與雞，寧馬。材，不材，其無以類審矣。舉是亂名，是謂狂舉。」此云：「與其碧，寧黃。黃，其馬也，其與類乎。碧，其雞也，其與暴乎。」如以此兩節對照以觀。則「碧，其雞也，其與暴乎。」顯然指「碧」與「白青」無以類而言（猶雞之與牛羊無以類）。故譚氏之疑，除「形近致誤」之理由外，尚有其思想上之根據。

【今譯】「當我們要說明『青色與白色』不是別色時，與其用雜色的碧色，寧可用純正的黃色。用『黃色』來說明『青與白』非黃，和用『馬』來說明『牛合羊』非馬的理由是：黃與青、白都是正色；馬與牛、羊都是獸類；它們之間有類似的地方存在。相反的，不用『碧』來說明『青與白』非碧，和用『雞』來說明『羊合牛』非雞的理由是：青白是正色，而碧是雜色；牛羊是獸類，而雞是禽類，它們之間有很大的差異存在。」

【疏解】公孫龍在前面說「羊合牛非馬、牛合羊非雞。」而且認為與其雞寧馬。難者不解，要求另作解說。公孫龍乃以「青以白非黃，白以青非碧」為喻作答。而且認為「與其碧寧黃」。這是重申「與其雞寧馬」之意。於此我們應追問的是：於非馬、非雞、非黃、非碧中，何以寧取馬、黃而舍雞、碧？即其取舍之標準為何？又馬與黃、雞與碧何以可作類比（黃其馬也，碧其雞也）？

公孫龍在解說「羊合牛非馬」這一命題之意義後，緊接著說：「若舉而以是，猶（由）類之不同。」這是說「羊合牛」之所以非「馬」乃由於「羊牛」中無「馬」之內容（非馬者，無馬也），亦即「羊牛」與「馬」不同類。因「類之不同」，才得出「羊合牛非馬」的結論。據此理由，「牛合羊」亦必「無雞」而「非雞」。故如以「類之不同」為標準，則「羊合牛非馬」與「牛合羊非雞」皆能同時成立，二者同真。但公孫龍卻於此兩命題中強分高下，以為「如馬與雞，寧馬。」並緊接著說：「材、不材，其無以類審矣。舉是亂名，是謂狂舉。」對照下文「碧則非正舉」（非正舉即狂舉），「碧其雞也」以觀，「舉是亂名，是謂狂舉」乃是指「牛合羊非雞」而言，而「牛合羊非雞」之為亂名狂舉的理由則是「材、不材，其無以類。」公孫龍之意似是：牛羊為獸（材），而雞非獸（不材），故雞與羊牛無以類。無以類故謂之狂舉。此處既以「無以類」為準而判定「牛合羊非雞」為狂舉。而前此卻以「類之不同」為由，斷定「羊合牛非馬，牛合羊非雞。」之可成立，這顯然有前後牴牾之病。因為「類之不同」與「其無以類」在文義上是相通的。復次，既可據「類之不同」以得出「羊合牛非馬」之結論，當然亦可據「其無以類」以斷定「羊合牛非馬」為亂名狂舉。但是公孫龍卻以為：「黃其正矣，是正舉也。」「黃，其馬也。」這顯然是以「羊合牛非馬」為正舉。這亦有自相矛盾之病。關於這個問題，似可作這樣的解釋：「羊牛」與「馬」、「雞」雖不同類，但是如果兩相比較，則「羊牛」與「馬」皆是獸，可以看成其間「有以類」，而「雞」則為禽，故與「羊牛」間「無以類」。這就是公孫龍於「羊牛非馬、非雞」中寧取「非馬」之說及以「牛合羊非雞」為狂舉之理由所在。同理，青、白、黃皆是正色，故其間「有以類」。而碧則為間色（雜色），故與青、白「無以類」，也因此「白以青非碧」成了非「正舉」之說。綜上所言，可將本節文義再作如下的疏解：「黃」與「青、白」都是正色，它們中間有相類之處，就如同「馬」與「羊牛」皆為獸，它們之間亦有相類之處，故曰：「黃其馬也，其與類乎」而「碧」則為「青」「白」爭勝以自明而造成之間色，與「青」、「白」之為正色「無以類」，就如「雞」之為禽，而與「羊牛」之為獸，二者「無以類」一樣，故曰：「碧其雞也，其與暴（異）乎。」（無以類即異也）因此，在「青以白非黃」與「白以青非碧」這兩命題之中，與其取後者，不如取前者，故曰：「與其碧，寧黃。」準此以觀，則「羊、牛」與「馬」是「同類之異」；「青白」與「黃」亦是「同類之異」，反之，「羊牛」與「雞」則是「異類之異」；「青白」與「碧」亦是「異類之異」。以「同類之異」所造成之命題為「正舉」；以「異類之異」所造成之命題則為「狂舉」、「亂舉」。如此，公孫龍之意，可以用「比擬必於其類」一言概括之。

原文

「暴則君臣爭而兩明也。兩明者，昏不明，非正舉也㈠。」

【今註】㈠謝希深注曰：「政之所以暴亂者，君臣爭明也。君臣爭明，則上下昏亂，政令不明，不能正其所舉也。」按「暴則君臣爭而兩明也」句疑與前「其有君臣之於國焉，故強壽矣。」同為後人所加。如刪去此句，而以「兩明者皆不明，非正舉也。」連上讀作「爭而明，其色碧也。兩明者皆不明，非正舉也。」則文章更為緊湊，如不刪此句，則謝注大致可以採納。

【今譯】「國家政治暴亂，係因君臣爭勝而至於兩相爭明。兩相爭明，就如青、白爭明，結果是兩色均失其色而使兩色皆昏暗不明而成碧色。用『兩明而昏不明』的言詞來立言，這是不正當的說法。」

【疏解】「青」如不自為「青」，「白」亦不自為「白」，而欲彼此爭明爭勝，其結果必定是兩色皆暗而不明而成「碧」色，故曰：「兩明者，昏不明。」「青」「白」爭明，而結果兩皆不明而成「碧」，這種現象對「青」、「白」而言，是喪失其自性，亦即不能「實其所實，位其所位，而得其正」。再就「白以青非碧」這一命題而言，青、白為正色，碧為間色，正色與間色「無以類」，「無以類」而舉以為言，則是亂名狂舉，故曰：「非正舉也。」

原文

「非正舉者，名實無當，驪色章焉，故曰：兩明也。兩明而道喪，其無有以正焉。」

【今譯】「這種不當的舉說法，在名實上都不相當，因為特別彰顯了雜色的碧色。所以說：這是兩相爭明。兩相爭明使匡正名實之道喪失，那就再無可以匡正名實了。」

【疏解】公孫龍認為與其取「牛合羊非雞」及「白以青非碧」之說，不如取「羊合牛非馬」及「青以白非黃」之說為愈。故曰：「如馬與雞，寧馬。」「與其碧，寧黃。」他去此取彼的理由端在於「馬」、「黃」、與「羊牛」、「青白」相類。故曰：「與其碧，寧黃。黃其馬也，其與類乎。」而他所以不取「非雞」、「非碧」之說，則是「雞」、「碧」與「牛羊」、「白青」不相類。故曰：

「碧其雞也，其與異（暴）乎。」「如馬與雞，寧馬。材、不材，其無以類，審矣。舉是（按指非雞之說）亂名，是謂狂舉。」總之，他以「類與不類」作為「非馬」與「非雞」；「非黃」與「非碧」間取舍的標準。並且據此以斷定「非馬」、「非黃」為正舉；「非雞」、「非碧」之說為狂舉，為非正舉。故曰：「黃其正矣，是正舉也。」「碧則非正舉矣。」據此而言，公孫龍是就「黃」與「碧」在「青以白非黃」與「白以青非碧」兩命題中與「青白」的關係（類與不類）而分別其為正與不正。除此而外，公孫龍又自「青」「白」之能否「實其所實，位其所位」而言「正」與「不正」。他認為「青」「白」如能「實其所實，位其所位。」，亦即以「青自為青，白自為白」，「青」「白」各「自持其性，而不走失以成他色。」為「正」。「青」「白」如「不能固持其性而爭明，致青、白皆昏而不明以成碧」，則為「不正」。本節的「非正舉」即是指此而言。

本節「非正舉者，名實無當，驪色章焉，故曰：兩明也。」應解為：「碧」之所以稱為「非正舉」，是由於「青」「白」之「名實無當」；而「青」「白」之「名實無當」，則是由於「驪色章焉」；而驪色之所以彰，則由於「青」「白」之「兩明」。依此，本節之意是：「青」、「白」如果彼此兩相爭明，則「青」「白」反而昏暗不明，而使驪色之「碧」彰顯。「碧」色彰顯，則「青」「白」之「名實」不能得其當。因為公孫龍認為天下一切「物實」，如能「實其所實，位其所位」就叫做「正」（名、實是一物之兩面，故曰：「夫名，實謂也。」就客觀之存在而言是「實」，就主觀之指謂符號而言是「名」。實「正」，名亦「正」；實「不正」，名亦「不正」。）亦即「名實得其當」。現在

「青」「白」爭明而成「碧」，這就表示「青」「白」不能「實其所實，位其所位。」而「名實無當」。名實無當，所以說它是非正舉。故曰：「非正舉者，名無實當，驪色章焉，故曰兩明。」公孫龍在其他各篇都沒有提及「道」字，只在本篇結尾「兩明而道喪，其無有以正焉。」中提及「道」字。公孫龍之所謂「道」，是指「使天下萬物得其正的依據」而言，故有「道」則一切物實或概念皆能得其正，喪失「道」，則一切皆不能得其正。〈名實論〉以物之能「實其所實，位其所位」為正，〈堅白論〉以「離獨」為正。依此，一切「物實」或「概念」如都能「自是其所是」，而不與其他「物實」或「概念」相雜相亂而失其性，這就是「正」，就是合乎「道」。反之，如不能自持其自性，則一切皆不得其正，也就不合乎道了。今「青」「白」爭明而成「碧」，則「青」「白」不能固持其自性，不能「實其所實，位其所位。」，如此則「青」「白」皆失其「道」而不能得其「正」，故曰：「兩明而道喪，其（青白）無有以正焉。」

【餘論】由上面的疏解，可以證明〈通變論〉的內容在闡發「變與不變」之理。任何「物實」（或「概念」），皆有其所以成為此「物實」（或「概念」）之內容或義理在。而此內容或義理是永久不可移易的。依公孫龍之意，任何「物實」（或「概念」）皆必自持其內容，固持其義理。亦即一切「物實」（或「概念」）皆必「自是其所是而非他。」就此而言，任何「物實」與「概念」，皆是永久不變的，公孫龍在〈通變論〉中所說的「不變」係指此而言。一切「物實」與「概念」雖然都是「不變」的，但是當某一「物實」或「概念」與其他「物實」或「概念」發生關係時，必形成一種新組合，這種新組合把原來的「物實」或「概念」帶進來，而使之成為其分子，這對原來的「物實」或「概念」而言是「變」，〈通變論〉中所謂的「變」即是指此而言。但這種「變」只是形式上的「變」，至於「物實」或「概念」之本質則「不變」。公孫龍的〈通變論〉全篇，均在闡發這種「變而不變」之理。

不過，公孫龍並沒有把此種理論作抽象的探究，只是用幾組具體的事例作譬喻來說明這種道理。大致說來，他的譬喻頗有繳繞之病，卻也言之成理。唯於「羊牛非馬非雞」及「青白非黃非碧」中，取「非馬」「非黃」之說，舍「非雞」「非碧」之喻，則並無積極的意義。公孫龍根據「馬」「黃」與「牛羊」「青白」相類；「雞」「碧」與「牛羊」「白青」「無以類」作為取舍標準，且以「非馬非黃」之說為「正舉」，以「非雞」「非碧」之喻為「狂舉」都是多餘的。因為就命題形式與內容而言，「羊合牛非馬」與「牛合羊非雞」是一樣的，不應有正舉、狂舉之分。它們都同樣可以說明「羊牛」有羊有牛而無羊牛以外之第三者如馬或雞的成分。而且馬、雞之於羊牛的「類不類」，是比較的而非絕對的。因為「馬」與「羊牛」同為「獸」固是「相類」，如就「動物」的立場看「雞」與「牛羊」亦何嘗不「相類」？所以大可不必在非馬非雞之間強分高低，強為取舍。至於「青以白非黃」與「白以青非碧」間亦沒有足夠理由，也無需斷定前者為「正舉」後者為「狂舉」了。

「青白不相與而相與……惡乎其有黃矣哉。」這一段文章在說明「青以白非黃」之理。照理，「青驪乎白……其無有以正焉。」這一大段亦應是說明「白以青非碧」才是。但是，就其內容來看正好相反。它是在說明「白以青而為碧」為「非正舉」。而照「與其碧，寧黃。黃其馬也，其與類乎；碧其雞也，其與異（暴）乎。」看來，這一段文字應該是在說明「白以青非碧」為「非正舉」。「白以青為碧」與「白以青非碧」就表面看來，是一組互相矛盾的命題，它們不能同真同假。而照通變論看來，它們卻成了同假的關係，同為「非正舉」。這是公孫龍失察之處。

綜上所言，公孫龍應取消「如馬與雞，寧馬。」及「與其碧，寧黃。」之說，因為這種取舍沒有必要。如果取消這一非必要的取舍，則「白以青非碧」與「白以青（爭明而）為碧，碧則非正舉。」之說可以相表裏以明「變而不變」之理。「羊合牛而成羊牛二」對「牛」或「羊」而言是「變」；同理，「白以青」對「白」或「青」而言亦是「變」。這是就「羊合牛」「白以青」之「新組合」而言「變」。「牛」或「羊」雖「變」而為「羊牛」，但是「羊牛」仍為「羊」仍為「牛」，而無「馬」，故曰：「羊合牛非馬。」同理，「白以青」對「白」、「青」而言，亦是「變」。但是「白以青」仍是「白」，仍是「青」，而無「碧」，故曰：「白以青非碧。」，這表示「白」或「青」之本質不會變而為「碧」。依此，「白以青非碧」正是用以說明「變而不變」之理。而「白以青（爭明而）為碧」，則是表示「青」、「白」由於「白以青」此一「新組合」而使「白」「青」失去其本質，而不能「自是其所是」，如此不但形式變了，本質也變，這顯然違背了〈通變論〉的主旨——形式可變而本質不變。如此，「青以白爭明而為碧」當然是「非正舉」，故以「白以青爭明而為碧」為「非正舉」，是因為它違背了「變而不變」之理，而「白以青非碧」則正好符合「變而不變」之理。所以

「白以青非碧」與「白以青（爭明而）為碧」之主張，在思想上是可以一致的。由此可反證，公孫龍取「青以白非黃」而舍「白以青非碧」之說不但不必要，而且有自相牴牾之病，故特予點明。

任何譬喻，「所譬喻」與「能譬喻」之間，皆只是「少分相似」而不能完全相似。故以譬喻來說明所要闡明的義理，常易滋生誤會，或引起不必要之糾纏。公孫龍在〈白馬論〉、〈指物論〉、〈堅白論〉、〈名實論〉各篇都未用譬喻，唯獨在〈通變論〉中全用譬喻來闡明其「變而不變」之理。也就是因為這樣，所以使得〈通變論〉內容拉雜，義理有欠明確。

堅白論

解題

先秦諸子及以後之論者，在評論或稱引公孫龍學說時，總要提到「離堅白」，以為這是公孫龍最具代表性的思想，而且各家對此都持譏刺之態度，加以貶損。其實各家都是站在自己的立場是其所是，非其所非，不能正視離堅白之說所接觸到的義理層次，故皆不能如實地瞭解「堅白離」之義蘊。也因此之故，各家的批評皆是不相應的。以「純理智的思辨」來處理邏輯及認識論上的問題，是公孫龍的特色及其長處，而這也正是各家之所短。復次，各家的興趣都是政教上的「道」或形上學的「道」，而公孫龍的興趣卻不在此。故無論就思想之方法或內容上言，公孫龍與先秦諸子都是迥異其趣的。故各家對公孫龍之批評非但不相應，而且不公平不稱理。為求客觀而如實地瞭解公孫龍，唯有擺脫各家的批評，直就其原文加以探究，方能確知其思想之內容及特色。

〈堅白論〉、〈白馬論〉與〈通變論〉都是以對話論難的方式寫成。難者——亦即一般人的觀點——以為「堅」、「白」、「石」三者相盈，而公孫龍則以為「堅」「白」離。不管他的理論是否嚴密周洽，但是他所提出的「堅白離」之說，則是確有所見的。而且〈堅白論〉的結論：「離也者天下，故獨而正。」是公孫龍最基本的思想，他的一切學說皆由此一根而發。換言之，「離獨而正」是瞭解公孫龍思想最基本，且最重要的線索。以下試將〈堅白論〉原文逐句加以疏解，並附今譯，以明其義蘊，並判定其立論之是否有當。

原文

「堅、白、石，三，可乎？」

曰：「不可。」

曰：「二可乎？」

曰：「可。」

曰：「何哉？」

曰：「無堅得白，其舉也二；無白得堅，其舉也二。」

【今譯】難者問：「堅硬、白色和石頭合稱為三，可以嗎？」

公孫龍說：「不可以。」

難者說：「稱為二，可以嗎？」

公孫龍說：「可以。」

難者說：「為什麼？」

公孫龍說：「因為對著一塊白色的石頭，我們『看』不出它的堅硬，而只能看出它是『白色』的『石頭』。因此只能舉出『白』與『石』這兩點。用手來摸，不能摸出它的『白色』而只能感覺出它是『堅硬』的『石頭』，因此只能舉出它的『堅』和『石』這兩點。」

【疏解】難者首先發問：「堅、白、石、三，可乎？」其意是：吾人面對一塊堅硬的白色石頭這樣的「物實」，能否說：在這個「物實」上同時擁有「堅」、「白」、「石」三者？依難者看來，「堅也、白也、石也，三物合體」（謝注語），故面對著一塊堅硬的白色石頭這樣的「物實」，當然可以說它同時具有堅、白、石三者。而公孫龍則不以為然，認為不能有三，只可有二。他的理由是：「無堅得白，其舉也二；無白得堅，其舉也二。」這樣的答覆，不是就客觀物實之整體構成上說「堅」、「白」、「石」三，而是分別就視覺及觸覺的認知外物上說其為二。就人之視覺而言，只能看出那石頭是白色的，而看不出它是堅硬的。同理，就觸覺上言，只能觸知那石頭是堅硬的，而觸摸不出它是白色的。依此，分別就視覺及觸覺上的認知而言，我們只能分別得知白、石二者，或堅、石二者；而不能堅、白、石三者同時覺知。故曰：「無堅得白，其舉也二；無白得堅，其舉也二。」

如就客觀之實有而言，當然堅、白、石三者相盈相聚，故可說堅、白、石三。如分別就視覺及觸覺之認知言，只能是二——或白、石；或堅、白。依是，難者與公孫龍雙方的立論皆能成立，彼此並不互相抵觸，因為他們是站在兩個不同的角度上立言。但是也正因彼此立論角度之不同，雙方又各自固執立場，公孫龍的答覆，是不能令難者滿意的，因此難者接著仍就其「客觀實有」之立場，堅持其堅、白、石三之說。

原文

曰：「得其所㈠白，不可謂無白。得其所堅，不可謂無堅。而之㈡石也，之於然㈢也，非三也㈣？」

曰：「視不得其所堅，而得其所白者，無堅也。拊不得其所白，而得其所堅。得其堅也，無白㈤。」

【今註】 ㈠所：語助詞，無義。訓見經傳釋詞。下同此。㈡之：此也。俞樾曰：「之石，猶此石也。」㈢之於然也：之猶則也。然，此也。之於然也，即「則就此情形而言」之意。㈣也：疑問助詞。俞樾曰：「也讀為邪。」㈤俞樾曰：「此當作視不得其所堅，而得其所白，得其所白者，無堅也。拊不得其所白，而得其所堅，得其所堅者，無白也。』文有脫簡。」王琯曰：「『而得其所堅，得其堅也。』證之上文，疑當為『而得其所堅者』，遺一『者』字，衍『得其堅也』四字，涉上文錯簡。俞說竄改過甚，恐失真。」按：兩校文義皆完足，並可通。然不校改，於文義之疏解亦不生影響。

【今譯】難者說：「既然看得出它的白色，就不能說它沒有白色。既然感覺得到它的堅硬，就不能說沒有堅硬。這塊石頭既然有白、又有堅，豈不是同時具有石、白、堅而成為三了嗎？」

公孫龍說：「用眼睛來觀察，看不出它的堅硬，只能看到它的白色，那就是沒有堅硬。用手觸摸，感覺不出它的白色，而只能感覺到它的堅硬。只感覺到它的堅硬，那就是沒有白色。」

【疏解】公孫龍在感官之覺知上言「堅、石二」及「白、石二」之說，不但不能否定難者就「客觀實有之立場」認為「堅、白、石三」之說，而且反而有助成「堅、白、石三」之說之勢，故難者才有本節之反問。公孫龍就視覺及觸覺的認知上說：「無堅得白」，「無白得堅」。難者就順著他的立論說：用眼睛只能看出這石頭是白的，而看不出它是硬的，這不就等於明白承認這石頭有白嗎？故曰：「得其所白，不可謂無白。」同理，用手觸摸只能感覺出這石頭是硬的，而覺不出它是白的，既然能覺知其為硬的，這不正是肯定這石頭有堅嗎？故曰：「得其所堅，不可謂無堅。」就此情況而論，顯然這石頭同時既有白，又有堅，這豈不是「堅、白、石三」？顯見難者仍就「客觀實有」之立場主張「堅白石三」。

難者之言頗為犀利，不易駁倒，但是公孫龍根本不理會對方的立場，仍就感官之覺知上堅持他的理論。其意是：就視覺上說，不能覺知石之堅，而只能覺知石之白，故就視覺而言，只有白而無堅。同理，就觸覺而言，只有堅而無白。總之，就感官之覺知作用而言，堅、白、石三者不能同時呈現於吾人某一官覺（視覺或觸覺）。所以不能說「堅、白、石三」，而只能是「二」。這樣的辯論，雙方之立論根據迥異，沒有共同的接觸點，所以只能各是其所是，而不能判定此是彼非，或此非彼是。情況同〈白馬論〉的辯論如出一轍。

原文

曰：「天下無白，不可以視石㈠。天下無堅，不可以謂石㈡。堅白石不相外㈢，藏三㈣，可乎？」

曰：「有㈤自藏也，非藏而藏也。」

【今註】㈠天下無白，不可以視石：謝希深注曰：「白者，色也。寄一色，則眾色可知。天下無有眾色之物（眾色之物，王啟湘曰：疑當作無色之物），而必因色乃色（乃色，王啟湘曰：疑當作乃見。）故曰：天下無白，不可以視石也。」按：此注甚佳，原文「天下無白，不可以視石。」有語病，蓋白非石僅有之色，謝注以色解白，甚切。㈡天下無堅，不可以謂石：謝希深注曰：「堅者，質也。寄一質，則剛柔等質，例皆可知。萬物之質不同，而各其所受。天下未有無質之物，而物必因質乃固。故曰：天下無堅，不可以謂石也。」按：此注亦得之。㈢堅白石不相外：謝希深注曰：「石者，形也。舉石之形，則眾物之形，例皆可知。天下未有無形之物，而物必因形乃聚。然則色、形、質者，相成於一體之中，不離也（王啟湘曰：「相成」疑「相域」之譌。「不離」當作「不相離」也。）故曰：堅白石不相外也。」按：謂「白者，色也。」「堅者，質也。」可，而謂「石者，形也。」則未當。又「不相外」與下文「相盈」同義。亦即「不相離」之意。㊃藏三：謝希深注曰：「人目之所見，手之所觸，但得其二，不能兼三。人自不能兼三，不可謂之無三。故曰：藏三可乎？言不可也。」按：謝注「人自不能兼三，不可謂之無三。」頗能點明難者之意。就「客觀實有」言之，堅白石三者相盈而不相外。手拊、目視之僅得其二，乃人之視覺及觸覺之感知如此，焉能據此以判定「客觀實有」之為二。又「藏三」即藏三中之一而為二之意。㊄有：助詞，無義。

【今譯】難者說：「如果天下沒有白色，就看不見這一塊石頭，如果天下沒有堅硬，也不能指謂它是一塊石頭。可見堅硬、白色、石頭彼此不是相互分離的，你把石頭、白色、堅硬藏其一而說它是二，可以嗎？」

公孫龍說：「這是它自己本來就藏匿著的，不是經由人為的隱藏才使它藏匿著的。」

【疏解】難者之意是：就「客觀實有」而言，「白」（或其他顏色）及「堅」都是「石」所具有之屬性，如果沒有顏色，我們就看不出某客觀的「物實」為石頭。同理，沒有堅性也就不能指謂某「物實」為石頭了。換言之，「堅」、「白」是石頭所以為石頭的必要條件。無「堅」、「白」就無所謂「石」。而就石頭而言，它是堅、白（或其他顏色）的充足條件，即有石頭必有堅、白（或他色）。任何「物實」，只要它是石頭，那麼它就具有「堅」及「色」之屬性。據此而言，「堅」「白」「石」

三者必然一起存在，必然相盈而不相離（不相外）。所以他認為公孫龍把堅、白、石三者藏去其一，而主張「堅、石二」或「白、石二」皆是不可以的，因為不管藏去「白」或「堅」，則客觀實有之石皆不成其為石了。

難者之意，認為公孫龍任意把「堅白石」三者匿藏其一而為「白、石二」、「堅、石二」。而公孫龍則認為「堅」、「白」之藏是「堅」、「白」自己隱藏而不呈現於吾人感官，而不是他人加以匿藏而使堅、白、石三者不能同時呈現，而只呈現其二。故曰：「有自藏也，非藏而藏也。」

原文

曰：「其白也，其堅也，而石必得以相盛盈㈠，其自藏奈何？」

曰：「得其白，得其堅，見與不見離。不見離㈡，一一不相盈㈢，故離。離也者，藏也。」

【今註】㈠石必得以相盛盈：俞樾、譚戒甫、陳柱皆以「盛」為衍字。按：此說是。又「石必得以相盈」，「以」字下省一稱代「其白也，其堅也」之「之」字，故「石必得以相盈」應作「石必得以白、堅相盈，而後乃得為石」解。㈡不見離：俞樾以為「不見離」一句當作「見不見離一一」。王啟湘曰：「孫氏所據本，不見離三字不重。」楊壽籛曰：「此處當係衍不見離三字，否則下不見離之上，應係脫見與兩字。」按：楊說是，然刪「不見離」三字，或於「不見離」上加「見與」二字皆可，於文義皆不生影響。㊂一一不相盈：孫詒讓據《墨經・經說下》校改作：「一二不相盈。」按：此校非是。〈經說下〉云：「見不見離，一二不相盈。」高亨《墨經校詮》以為「相」上之「不」字當在「離」上。高說是，當從。蓋《墨經》主「堅白盈」故當如高校作「見不見不相離，一二相盈。」依是，則「一二不相盈」不可據經說之錯簡校改作「一二不相盈」。而且公孫龍主「堅白離」適與《墨經》主「堅白盈」大相逕庭，焉可據《墨經》以改《公孫龍子》？此處「一一不相盈」之「一一」係分別指「堅」「白」而言，文義甚明確，不可妄加校改。

【今譯】難者說：「那個白色，那個堅硬，是石頭所必定全部含有的，你為何說它是自藏呢？」公孫龍說：「用眼可見得到白色，用手可觸摸得到堅硬，可看見的白色與看不見的堅硬彼此是分離的。堅硬、白色彼此不相含，所以說它們彼此是分離的。彼此分離，即前述『自藏』的意義。」

【疏解】在此難者仍舊堅持立場，認為「石」必定要「堅」「白」相盈，石才成其為石。如說「堅」「白」可自己隱藏，則「堅」「白」一隱藏，「石」就不成其為「石」了。那麼這種「堅」、「白」自藏之說如何說得通呢？

公孫龍也仍自感官的覺知能力上主張「堅白離」。視可以得白，拊可以得堅，如果單就視覺而言，只能見白而不能見堅。故所見之白與所不見之堅相離，故曰：「見與不見離。」（「見」與「不見」既相離，則據同樣的理由，亦可得出「拊」與「不拊」離。但是公孫龍只舉「見與不見離」以概括「拊與不拊離」。）總之，就感官之覺知上說，「堅」、「白」不能同時呈現於視覺或觸覺之中。換言之，不管就視覺或觸覺而言，「堅」、「白」總是不能同時呈現。「堅」「白」既不能同時呈現，這就表示「堅」「白」彼此不相盈。既不相盈，所以「堅」「白」是永遠分離的。公孫龍就從這「堅」「白」的分離而不同時出現處說「藏」。故曰：「離也者，藏也。」

原文

曰：「石之白，石之堅，見與不見，二與三㈠，若廣修而相盈也，其非舉乎㈡。」

曰：「物白焉，不定其所白㈢。物堅焉，不定其所堅。不定者兼，惡乎其㈣石也㈤？」

【今註】㈠二與三：「二」指「堅」「白」而言。「三」指「堅」「白」「石」而言。「二與三」即堅白與石相盈為三之謂。㈡其非舉乎：此「非舉」二字與〈通變論〉中之「非正舉」、「狂舉」同義。乎為反詰助詞。「其非舉乎」即「此堅白與石相盈而為三」之說為「非舉乎」之意。換言之，即「堅白石三」為正舉也。㊂不定其所白：即「白之自性」，不定於其所白之物之謂。㊃其：各本多誤作「甚」。㊄也：猶邪。

【今譯】難者說：「白色是附屬於石頭的，堅硬也是附屬於石頭的，兩者雖然有可看見與看不見之別，白色與堅硬的二和石頭合而為三，正如一寬一長互相包含於一面積之中，是不可分離的，堅硬、白色與石頭既然互相包含而不能分離，那麼說堅、白、石三難道是不當的舉說法嗎？」

公孫龍說：「具體存在的東西有白色的，但白色並不限定在白色的某一東西之上。具體存在的東西也有堅硬的，但是堅硬並不限定在堅硬的某一東西之上。堅、白不被某物所限定，是意謂它們能兼及萬物。如何能說白色與堅硬只屬於石頭呢？」

【疏解】難者的意見是：儘管「白」可見，「堅」不可見，但是就「客觀實有而言」，「堅」「白」二者是與「石」相盈而為三的，就好比「廣」（寬）「修」（長）之相盈於一「面積」上一般，是無法分離的。「堅」「白」與「石」既然相盈而不能分離，那麼說「堅、白、石三」難道是不當的舉法（非正舉）嗎？——意謂堅、白、石三之說，當然是正舉。

而公孫龍在此則換另一個角度：從堅、白之「普遍的自性」上說「堅白離」。此與〈白馬論〉末段之論調相同。〈白馬論〉云：「白者不定所白，忘之而可也。白馬者，言定所白也，定所白者非白也。」文中「白者不定所白」之「白者」是指抽象而普遍之「白之自性」而言，亦即白之共相。白馬之白對此「普遍之白之自性」而言，是一限定。一受限定則白之自性已非本來普遍之自性了。故曰：「白馬者，言定所白也。定所白者非白也。」從具體實有之白馬而能向上翻轉出「普遍之白性」此一概念來，是思想上的一大進展，為公孫龍獨特的創見。他在此處即是以「堅」、「白」之有其「普遍之自性」作為立論的根據，以破斥「堅白盈」之說。「白馬者，言定所白也。定所白者，非白也。」是說：「白馬」之「白」是「限定的白」，而非「普遍之白之自性」。而此處「物白焉，不定其所白」則是說：具體實有之物，雖然可以有白色之屬性，但是「白之自性」卻不受限制而定著於它所白（白作動詞）之物上。同理，具體之物實，亦可有堅之屬性。但是普遍之堅之自性卻不受限制而定著於它所「堅」之物上。「堅」「白」既各有自性，不為某物所限定，這就表示「白之自性」可以兼「白」一切物，「堅之自性」可以兼「堅」一切物。故曰：「不定者兼。」依此，怎麼可以因為「石堅」、「石白」就說「白」定於石，「堅」定於石，並據此以主張「堅」、「白」相盈於「石」呢？言外之意是：「堅」、「白」皆各有其自性，而不定於「石」。「堅」、「白」皆有其普遍之自性，而不定著於物，這就意謂「白」離一切而自存，「堅」亦離一切而自存。「堅」、「白」既離一切而自存，則「堅」、「白」相盈於「石」而為三之說，當然無法成立。公孫龍之說頗為新奇，而且亦能言之成理，但是以此說來否定「堅」、「白」相盈於「石」而為三之說，則仍然是成問題的。

原文

曰：「循石㈠，非彼無石㈡，非石無所取乎白㈢。（堅、白）石不相離㈣者固乎。然其無已㈤。」

曰：「於㈥石一也，堅白二也，而在於石。故㈦有知㈧焉；有不知焉，有見焉，有不見焉。故知與不知㈨相與離，見與不見㈩相與藏。藏故，孰謂之不離？」

【今註】㈠循石：譚戒甫曰：「循石之循，當與上文拊不得其所白之拊同義。古書每『拊』『循』二字連文。見史記晉世家。晏子春秋問下篇第四云：『堅哉石乎落落！視之則堅，循之則堅，內外皆堅。』循之則堅，猶云以手拊石而得堅也。」按：此說是。㈡非彼無石：謝希深注曰：「彼，謂堅也。非堅則無石矣。必賴於堅以成石也。」㈢非石無所取乎白：謝希深注曰：「言必賴於石然後以見白也。」㈣石不相離：「石」上原脫「堅白」二字，茲據謝希深注：「此三物者相因，乃一體，故曰堅白石不相離也。」補。㈤其無已：王琯曰：「其無已三字，無解，疑有脫譌。」譚戒甫曰：「其無已，猶云無止時。」按：「堅、白、石不相離者固乎，然其無已。」各本多於「然」字下斷句，非是，然字應連下讀，作：「堅白石不相離者固乎，然其無已。」「然其無已」之「然」字，猶

「然則」也。說見楊樹達詞詮。其，此也。代名詞，指「堅白石不相離」之說而言。無，非也，說見經傳釋詞。已猶乎也，疑問助詞。「其無已」意即：此堅白石不相離之說非乎？㊅於：譚戒甫疑「於」字為衍文。按：於，助詞，無義。㊆故：猶則也，訓見經傳釋詞。㊇知：知覺，觸知也。㊈知與不知：以手拊石則知堅，不知白。故「知與不知」之「知」為指「堅」而言。而「不知」則指「白」而言。㊉見與不見：以目視石則見白，不見堅。故「見與不見」之「見」當指「白」而言。而「不見」則指「堅」而言。

【今譯】難者說：「用手來撫摸，若非有堅硬，你就感覺不到它是石頭；用眼來看，若非有白色，你就見不到它是石頭。若非有客觀存在的石頭，我們就無法覺知白色以及堅硬。可見堅硬，白色與石頭的不相分離是很肯定的了。你能說這個『堅白石相盈而不離』的說法不對嗎？」

公孫龍說：「同是一塊石頭，它的堅硬和白色是兩件事。而在此石頭上，則有可以觸知的堅硬，有無法觸知的白色；有可以看見的白色，有看不見的堅硬。所以，可以觸知的和無法觸知的是互相分離，可以看見的和看不見的是互相隱藏。既已互相隱藏，誰能說它們不是分離的呢？」

【疏解】難者所發問的文句過於簡略，文意不甚完足。「循（拊）石，非彼（堅）無石」下應補「視石，非白無石」一語。又「非石無所取乎白」下亦應補「無所取乎堅」。據此，本節應作：「拊石，非堅無石；視石，非白無石。非石無所取乎白，無所取乎堅。不相離者固乎，然其無已？」

難者這節文句有兩層意義：一是「表」自己堅白盈於石而為三之理。一是「遮」公孫龍「不定者兼」

之說。「堅」「白」是我們感官知「石」之存在的必要條件之一（說堅白是覺知石之存在的必要條件之一，是因為堅白只是石之所以為石之條件之一部分，而非全部條件。例如木及金屬亦可以有堅白之性。我們不能因為「白金」與「石頭」一樣，具有「堅」「白」之性，就說它是石頭。故堅白只是覺知石存在的必要條件之一）。所以當我們觸摸石頭時，如果石頭「無堅」，就無法覺知它是石頭。同理，如果石頭沒有顏色（白色或其他一切色）時，我們也無法看出它是石頭。總之，若無堅、無白，則石不成其為石，我們也就無法覺知它是石了。然而事實上我們能覺知石之存在。「石」既能被覺知，則「堅」「白」必然存在於石中。依此，堅白必然相盈於石而為三。以上是就石之存在與被覺知言，必須有堅白。因而得知堅白石相盈而不離。難者接著就堅、白之存在與被覺知言「堅」「白」必須依賴於石，因而證明堅白石之不相離。其意是：如果沒有「客觀實有」之石，則我們就無法覺知「堅」、「白」之存在。換言之，「堅」「白」無法自存，它們必賴於具體物（不只是石而已）才能呈現於吾人之官覺中。故曰：「無石無所取乎白，無所取乎堅。」難者這一層意思，正好與公孫龍「不定者兼」之思想相反。公孫龍以為「堅」「白」有普遍而獨立自存之性，而難者則以為若無「石」及其他「物實」，則「堅」「白」無所依附，因而亦不能被覺知，如何能有「不定所白之白」與「不定所堅之堅」存在？綜上所述，「堅」「白」為「石」之所以為「石」的必要條件，而「石」則為「堅」「白」之存在的充足條件。換言之，「石」不能無「堅」、「白」；「堅」、「白」亦不能離「石」而自存。故堅白與石是實然而必然地相聚在一起，亦即堅白必然同時相盈於石而不可離。所以難者接著作結論說：「堅白石不相離者固乎。」並反詰公孫龍說：然則你能說這「堅白石相盈而不離之說」是不對的嗎？（然其無已）。由此可知難者是一個質樸的實在論者，所以他不能把握到公孫龍所說的離乎「客觀物實」而自存的「堅」「白」。不過他對自己的立論持之有故，言之成理。所以能「表」亦能「遮」。

公孫龍的答辯則僅在重申自視覺與觸覺之得不得「堅」「白」而言堅白離，並無新意。公孫龍之意是：就數上說：「石」是一，「堅」「白」是二，而在「石」上，「堅」「白」只能分別為人的「觸覺」及「視覺」的覺知功能覺知其一，而不能「堅」「白」與「石」三者同時被覺知。因為就觸覺而言，只能觸知石之「堅」而不能觸知石之「白」。就視覺而言，只能見石之「白」，而不能見石之「堅」。故曰：「於石一也，堅白二也。而在於石，故（則）有知焉，有不知焉；有見焉，有不見焉。」就觸覺而言，知堅而不知白，堅、白既不能同時被手所拊知，這就可證明堅、白相與離。同理，就視覺而言，見白而不見堅，堅、白既不能同時為目所見，可知堅與白必有一「藏」而不呈現於吾人之官覺中。故曰：「知與不知相與離，見與不見相與藏。」堅、白在人之感官中，既然必有其一隱藏而不呈現，那麼誰能說堅、白不相離呢？

原文

曰：「目不能堅，手不能白。不可謂無堅，不可謂無白。其異任也㊀，其無以代也。堅白域㊁於石，惡乎離㊂？」

曰：「堅未與石為堅，而物兼㊃。未與（物）為堅㊄，而堅必堅——其不堅石、物而堅。天下未有若堅㊅而堅藏。」

【今註】㊀其異任也：王琯曰：「任，訓職、訓用。異任，言手目之職責、作用不同。」㊁域：作動詞解。域，界也。有限定、局限之意。《孟子・公孫丑》下：「域民不以封疆之界。」集注曰：「域，界限也。」「域於石」，即定於石，盈於石之意。㊂謝希深注曰：「目能視，手能操。目之與手所任各異，故曰其異任也。目自不能見於堅，不可以手代目之見堅；手自不能知於白，亦不可以目代手之知白。故曰其無以代也。堅白相域不相離，安得謂之離？言不相離。」按：此注甚切。㊃而物兼：意即「堅」兼一切物而堅之。謝注曰：「堅者，不獨堅於石，而亦堅於萬物。」㊄未與（物）為堅：謝希深注曰：「……故曰：未與物為堅，而堅必堅也。」據此可知「未與」下脫一「物」字，應據補。㊅若堅：若，此也。堅，係指「不堅石、物而堅。」之「堅自己」而言。

【今譯】難者說：「眼睛雖然看不見堅硬，手雖然摸不出白色，但是不能就此認為石頭沒有堅硬，也不可就此認為石頭沒有白色。因為眼和手的職司不同，彼此不能互相代替。堅硬和白色既然包含於客觀實存的石頭之中，又怎麼能分離呢？」

公孫龍說：「堅硬不止在與石頭結合時是堅硬，在與其他東西結合時也堅硬。而且即使不與他物結合時也存在著堅硬，可見堅硬必然有其自為堅硬之理。但是，普天之下並不客觀存有此種既不使石頭堅硬又不使他物堅硬的堅硬自身，此即表示堅硬離開實物而自藏。」

【疏解】難者之言，亦是重複前說而無新意。依難者之意，「堅」「白」相盈於「石」是一客觀之真實。目只能見「白」而不能見「堅」，手只能知「堅」而不能知「白」，這是人類各官覺之功能不同使然。因為每一感官雖然都有其功能，但是也同時有其限制，因此只能知此而不知彼，或知彼而不知此。而且各感官的功能都不能彼此兼代。所以手永遠只能拊「堅」而不能見「白」，目永遠只能見「白」而不能知「堅」。不過這種「目不能堅，手不能白」的現象，只是主觀之感官功能如此，不能據此以判定客觀實存之石無堅或無白，並進而說「堅白離」。因為客觀之石皆有「白」（顏色之泛稱）又有「堅」，亦即堅白相盈於石。如何可以憑主觀的感官不能知「堅」或見「白」就認定堅白相離？難者自始至終是一個實在論的態度，他只就客觀實有之石之有「堅」有「白」而主張「堅」「白」相盈於「石」而為「三」。難者之言就止於此，以下至篇末全為公孫龍之言。

公孫龍認為「堅」有其普遍而自存之性。因為有普遍性，故「堅者，不獨堅於石，而亦堅於萬物」（謝注語），故曰：「堅未與石為堅，而物兼。」堅除了有普遍性外，又有自存之性。因此，當它未因萬物而呈現其堅時，堅必然自為其堅。故曰：「未與物為堅，而堅必堅——其不堅石、物而堅。」而客觀世界裏，並沒有這種既不「堅」（堅作動詞）石，亦不「堅」其他物之「堅自己」存在，這就表示此「堅自己」可以離萬物而自藏自存。故曰：「天下未有若堅，而堅藏。」公孫龍乃依此而主張「堅藏」「堅離」。依此，他於此處所主張的「堅」，至少含有以下三義：一、它是普遍的，亦即不為石或其他物所限，它可以「堅一切物」。二、它是有自性的，亦即它不依於客觀之具體物才成其為「堅」。三、它離乎萬物而自存，亦即是「潛存」「潛藏」而不域於物，不盈於物。

原文

「白固㈠不能自白，惡能白㈡石物乎？若白者必白，則不白物而白焉㈢，黃黑與之然。」

【今註】㈠固：猶若也。「固」「若」古籍多互文。㈡白：作動詞解。㈢則不白物而白焉：譚戒甫校改為：「則不白石物而白焉。」

【今譯】「假若白色不能自己成為白色，又如何能使石頭與其他東西成為白色呢？假若白色能自己成為白色，那便可以不從客觀實有之物顯示其白色即能獨自成為白色，不只白色如此，就是黃色、黑色也是如此。」

【疏解】上節言「堅」藏，本節言「白」藏，堅有其自性，同理，白亦有其自性。白有自性方能「自白」，假若白不能「自白」，則白如何能使石及他物為白呢？故曰：「白固不能自白，惡能白石物乎？」反之，如果白有其自性，則白必能自為其白而不必依賴於「白」（白作動詞）石，或「白」其他物，然後才成其為白。故曰：「若白者必白，則不白物而白焉。」總之，白若無自性，則不能有「白石」及其他一切「白物」。反之，若白有「自性」，則「白」必能不依賴客觀實有之白物而自存。而客觀上既有白物存在，同時白又能獨立自存，故「白」亦如「堅」一樣，是「離」「藏」的。不只是白自藏而離，就是其他黑、黃之色亦同樣能自藏而離。以上兩節，旨在說明「堅」與「白」皆有其自性，因而證明「堅白離」。

原文

「石其無有，惡取堅白石乎？故離也。離也者，因是。」

【今譯】「堅、白即可離物自存，自非石頭所能專有，如何能說堅、白、石三呢？所以我說它們是分離的。分離的原因就是由於這個道理。」

【疏解】此節乃根據上兩節之理論，而得出「堅」、「白」離而不盈於「石」，以破斥「堅、白、石三」之說。謝希深注以「天下未有無色而可見之物，故曰：石其無有矣。石既無矣，堅白安所記哉？」解釋「石其無有，惡取堅白石乎？」欠當。按：「石其無有」乃承上「堅、白皆有其自性，而且離乎萬物而自存」而得出之結論。堅、白既離乎萬物而自存，則堅、白自不為石所限，不為石所專有，故曰：「石其無有。」石既不能使堅、白定於石而為石所專有，則如何能說「堅、白、石三」呢？故曰：「惡取堅白石乎？」公孫龍就是根據堅、白有其普遍之自性而且獨立自存而言「堅、白離」，故曰：「故離也。離也者，因是。」

原文

「力與知，果不若因是㈠。且猶㈡白以㈢目（見，目）以火㈣見，而火不見㈤。則火與目不見而神見。神不見，而見離㈥。」

【今註】㈠力與知果不若因是：謝希深注曰：「果謂果決也。若，如也。夫不因天然之自離，而欲運力與知，而離於堅白者，果決不得矣。故曰不如因是天然而自離也。」按：「力與知，果不若因是。」語意不完足，疑「力與知」下有脫漏。然謝注頗能與上下文相連貫，故各家多從之。又按：謝

注：「而欲運力與知而離於堅白者，果決不得矣。」之「離」字，就上下文義推之，疑當為「盈」字之譌。㈡猶：為指事之詞。㈢以：由也，因也。㈣火：光也。㈤且猶白以目以火見，而火不見：孫詒讓曰：「墨子經說下篇云：『智以目見，而目以火見，而火不見。』此文亦當作『且猶白以目見，目以火見，而火不見。』今本脫『見，目』二字，遂不可通。」按：孫說甚是，茲據補。㈥謝希深注曰：「神謂精神也。人謂目能見物，而目以因火見，是目不能見，由火乃得見也。然火非見白物，則目與火俱不見矣。然則見者誰乎？精神見矣。夫精神之見物也，必因火以見（王啟湘曰：陳本「以見」作「以目」。以猶與也。謂必因火與目，乃得見也。按：王說是，見當為目之誤，應據改。）乃得見矣。火目猶且不能為見，安能與神而見乎？則神亦不能見矣。推尋見者，竟不得其實，則不知見者誰也？故曰：而見離。」按：謝注大體得之，唯「火目猶且不能為見，安能與神而見乎？」錯會原文之意，不可從。

【今譯】「天下萬物之『離』，是天然如此的，若想憑藉人力與智力把天然之『自離』強合而『相盈』，終究不如順其自然，使天下萬物『各是所是而離焉』為是。例如人靠眼睛看見白色，眼睛又必須靠火光才能看見白色，可是火光本身卻無視覺的功能，則火光與眼睛都無法看見白色，目、火都不能見，那麼是靠人的精神來看的了。但是單靠精神而沒有眼睛及火光，則精神也不能看見白色，可見白色是離見而自存的了。」

【疏解】公孫龍「堅白離」之論據，前後共有三點：一、是就官覺之不能同時覺知堅、白而言堅、白離。二、是就堅、白之有「普遍之自性」而言堅、白離。三、為本節及下節所說，乃就「知」、「見」之不能成立以言堅、白離。第一、二點前述甚詳，茲將第三點論據疏釋如下：

人之見「白」，要靠「目」，而「目」之見「白」，要靠光線（火）。「目」如無光線就不能見「白」。故曰：「白以目（見，目）以火見。」然而「火」雖有助「目」見「白」之功能，「火」之自身並無「見」之功能，所以它也不能見。故曰：「而火不見。」依此，則火（光線）與目都不能見白了。目、火既不能見，那麼能見的必是人的精神。故曰：「則火與目不見而神見。」但是，人的精神之見「白」，必有賴於「目」「火」。據此而言，精神之自身也不能見白了。總之，單是「目」「火」或「神」皆不能見「白」，也因此可證明「白」與吾人之「見」離而自存。故曰：「神不見，而見離。」本節立論頗成問題，擬留至餘論之中再詳加評論。

原文

「堅以手，而手以捶㈠，是捶與手知而不知。而神與不知㈡。神乎㈢，是之謂離焉㈣。」

【今註】㈠捶：王啟湘曰：「捶，疑當作揣，聲近誤。」譚戒甫曰：「說文：『捶以杖擊也。』引中蓋亦上文拊循之義。然龍以手對目言，捶對火言，則捶當假為棰。」按：譚說是，然王說亦通。㈡而神與不知：王琯曰：「與字無義，應係語助。」按：與同歟。語末助詞，表疑問，反詰之意。「而神與不知」當為「而神知歟，不知也。」之意。㈢神乎：謝希深注曰：「……故曰：神乎，神乎，其無知矣。」㈣本節文字各家多疑其有脫衍而有所校改。按：此節文義與上節同。如參照以觀，則文義尚稱顯豁，不改亦無妨。各家之注，以陳澧最為詳明，茲錄之以供參考。陳澧云：「此言手與捶皆離，即神亦離也。知堅必以手，而手必捶之。手以捶而知，手本不知也。捶之知，乃手知，而非捶知也。是捶與手皆知而不知也。捶與手既皆不知，則知者神也。然不以手捶，則神亦不知也。如是，則神亦離也。」

【今譯】「又如：人靠手觸知堅硬，但是手又必須通過敲擊才能知道堅硬，可是敲擊本身卻不能自己知道堅硬。敲擊與手雖然好像知道堅硬，實際上都不知道，那麼知道堅硬的應該是精神了，可是單靠精神也還是沒法知道堅硬。所以精神也是沒法知道的，由此可見堅硬也是離精神而自存的。」

【疏解】上節由「見」之不成立說「白離」，本節則由「知」之不成立而說「堅離」。堅是由手而得知，而手必須捶而後才能知堅。依此，則手與捶合，似乎可以知堅，但是實際上手與捶本身皆不能知堅。故曰：「是捶與手知而不知。」捶與手既皆不能知「堅」，則似乎唯有精神可以知「堅」，但是精神必賴手之拊捶才能知「堅」，故精神亦不能知「堅」。精神既不能知「堅」，則「堅」離。以上兩節由「見白」「知堅」之不能成立而言堅、白離。

原文

「離也者天下，故獨而正。」

【今譯】「分離是天下事物所共有的特性，因此每個事物都是單獨存在的，單獨存在原是正常的狀態。」

【疏解】「離也者天下，故獨而正。」為〈堅白論〉之結論。綜觀全文，公孫龍由三個不同的角度主張「堅白離」之說。至此乃進一步由此堅白離之特殊事例，進而推概一切皆離。換言之，即將「堅白離」這一命題普遍化而得出「離也者天下」這一全稱命題。其意是：不僅堅離、白堅，凡天下之一切亦都是離的。天下之一切既然皆是離的，則人如能如其實而離之，則一切皆能獨立而自持其性。誠如是，則一切皆能得其正了。此即〈名實論〉所說：天下之一切皆能物其所物，實其所實，位其所位而得其正。

又「離也者天下故獨而正」亦可如此斷句：「離也者，天下故獨而正。」其意是：我（公孫龍）之所以主張（堅白）離，乃是因為天下之一切本來（故通固，本來也。）都是獨立自存，都是各自物其所物，實其所實，位其所位，而得其正的。換言之，因為天下之一切本來都是獨立自存，皆是位其所位而得其正的，所以我才有「堅白離」的主張。這是由「天下故獨而正」之全稱，以推知「堅白離」之偏稱。

堅白離盈之辯論至此結束。文中公孫龍自三個不同層次來「表」他的「堅白離」之理，並「遮」「堅白盈」、「堅、白、石三」之說。但是究竟說來，公孫龍之是否能駁倒對方，以及他前後的理論是否有一致性，則大成問題。故以下擬就雙方所接觸到的問題及其立論作一綜合性的探討與評論。

【餘論】「堅白離」與「堅白盈」如僅就字面之意義看來，這是一組矛盾命題。兩者不能同真；有一真，則另一必假。但是如就雙方立論依據，及其內容看來，則因彼此立論的出發點不同，所以雙方的理論可以不必是互相矛盾的。

難者自始至終是站在「質樸的實在論」的立場，來闡述他「堅白盈」之說。他認為就一塊白色的硬石頭而言，堅、白「實然」而且「必然」相盈於石。換言之，堅、白與石同時並存，無堅、無白，則石不成其為石，因而主張堅白相盈於石而為三之說。如就客觀實有之石而言，堅白盈於石是有其客觀妥實性的，是不能駁倒的。但是公孫龍在與對方論難時，根本不理會對方實在論的立場，而自其他的角度主張堅白離之說，他的論據共有三層。一、是就認識論的角度說，單一的感官不能同時覺知堅與白，因而斷定堅白離。二、是由堅、白之有其普遍而潛存之自性，以證明堅白離。三、是由「見白」、「知堅」之不可能以言堅白離。這三層都有它獨特的思理。但是就摭撥堅白盈之說看來，並非有力的論據，所以無法駁倒對方。此外，這三層理論本身不但不能彼此相輔相成，而且有前後互相牴觸之病。茲分別評述於下。

公孫龍曰：「視不得其所堅，而得其所白者，無堅也。拊不得其所堅者，無白也。」（依王琯校）「得其白、得其堅，見與不見離。見與不見離，一一不相盈，故離。離也者，藏。」這是就認識論的立場言堅白離。就主觀的單一官覺而言，無法同時覺知「堅」與「白」。這是事實，是不可反駁的。但是，若據此主張客觀之石與堅、白不相盈而相離，則是不能成立的。因為單一的感官不能同時覺知堅與白，這是主觀的感覺如此，而不是客觀的事實。「視不得其所堅」只表示堅離乎主觀之視。同理，「拊不得其所白」亦只表示白離乎主觀之拊而已。所以就認識論的立場所得的堅白離，只表示堅與白不同時相盈於單一之感官（視或觸），而不能據此以證明「客觀之實存」之「石」上，堅白不相盈而相離。此其一。「無堅得白，其舉也二。」（此處之「二」是指石與白而言。）這是表示視覺可以同時對一客觀之物實，知其為石、為白。故「無堅得白，其舉也二」這一論斷無形中肯定石上有白，亦即白盈於石而不離。同理，「無白得堅，其舉也二。」也無形中肯定堅盈於石。依此，則「無堅得白，其舉也二；無白得堅，其舉也二。」之說不但不能極成堅白不盈於石而離之說，反而有助於難者堅白相盈於石而為三之說。因此難者接著質問公孫龍說：「得其所白，不可謂無白；得其所堅，不可謂無堅。而之（此）石也，之於然也，非三也？」所以公孫龍之言論有自我否定其說並予對方把柄之病，此其二。又如自視覺之功能只見「白」而不見「堅」，觸覺之功能只能知「堅」而不知「白」，亦即自視、拊之功能之不能互相兼代言，亦不能主張堅、白離。視、拊之功能誠然不能兼代，但是這並不意味視、拊之不能同時對一客觀之物起覺知作用。而視、拊之兼用是可能的，當視、拊同時對「石」起覺知時，則堅、白、石可以同時呈現於主觀之覺知中。就算是視、拊不但不能兼代，而且不可能同時起作用，這也只能說在視或拊單獨起覺知作用的某一特定時間內，在人的主觀上無法得到堅、白、石相盈的感覺而已，而不能據主觀的感覺以斷定堅白離而不相盈於石。總之，視、拊如不能同時覺知外物，則可成就主觀覺知堅白離之說，但不能極成客觀之石上之堅白離而不相盈於石之說。又如果視、拊可以同時對石起覺知的話，則主觀覺知之堅白離根本就不能成立，更不用說堅白離而不盈於客觀之石，此其三。就客觀之石而言，它是本質地有堅、白（或其他顏色）之性。此堅與白是不可能自石中加以抽離的，如抽離則石就不成其為石，更何況感官之覺知「石」，根本不能把堅白自客觀之「石」上分開或抽離，故自認識論的立場不能駁倒客觀上堅白石相盈而為三之說，此其四。

綜上而言，公孫龍自認識論的立場而主張的堅白離之說，不能駁倒難者堅、白相盈於石而為「三」之論。以下接著要分析他自「堅白之自性之潛存義」而得的堅白離之說是否能破堅白相盈於「石」之說，以及它是否能極成其「認識論的堅白離」之說。

難者自具體之「石」有堅、有白，而主堅白盈之說。而公孫龍則自「堅自己」與「白自己」而言「堅白離」。歸納公孫龍的見解，此「堅自己」、「白自己」有以下幾個特性：它不為任何特殊物所限定，故它是普遍的、它有其自性，故它不依賴任何具體物而自存；同時它又是時空所未有的（天下未有若堅），故是抽象的。這種抽象而普遍自存的堅、白，實際上是指堅、白之「共相」而言。就其

「共相」而言，堅、白當然不相盈而離。所以就堅、白之自性而言「堅白離」是可成立的。而難者的「堅白盈」則是就「殊相」之有堅，有白而說的。因此雙方立論的出發點並不一致，既不一致則不能據此以否定彼。換言之，公孫龍之堅白離對難者之堅白盈而言，是不相干的。共相之堅白之相離，不礙殊相之堅、白、石之相盈。此其一。堅、白之自性是抽象而自存的，故它不是手拊，目視的對象，亦即手拊、目視不能得抽象而普遍自存之堅與白。而前面公孫龍卻有「視得其白，拊得其堅」之說，前後立論竟如此自相牴牾。依此，由堅白之自性而得之堅白離不但不能支持並極成其認識論之堅白離，反而有否定認識論之離藏義之嫌。此其二。又堅、白之自性既離乎一切而自存，則石焉能有堅、有白？石既不能有堅、有白，則「無堅得白，其舉也二；無白得堅，其舉也二。」之說，亦即堅石二，白石二之說亦不能成立。公孫龍又由堅白之離，進而概括一切而得出「離也者天下」之結論，天下之一切既是彼此相離，則不但堅、白、石三為不可，就是堅、石二，白、石二之說也不能成立，而只能是堅一，白一，石一。此其三。

上述之第一點不能否定堅白相盈於石而為三之說，而第二、三點，則表示公孫龍兩種不同立場的堅白離之說，不但不能相輔相成而且有彼此否定之病。至於由「見白」「知堅」之不可能以言「堅」、「白」藏而離之說亦是大有問題的。公孫龍以為單是目、火與神不能成「見」；「見」既不能，則「白」藏而離。前此公孫龍以「白之自性」之潛存自存而言「白」離於石，此處則以「見」之不成立以言白離乎吾人之覺知而自存。就白之自性而言，它當然四無依傍，離人（目、神），離物（石）而自存。但是這只能證成白之自性之離藏義，而不能據以斷定白與具體存在之石相離。且就命題之性質而言，「白色之石」之有白是一「分析命題」，其值為必然真。故由單一之目、火、神、不能見「白」而得之「離藏」義，對具體存在之「石」與「白」相盈是一不相干的理論，不能據此以否定彼。此其一。火、目、神不能單獨成「見」，但是火、目、神合則能成「見」，「見」既能成立，則必能見石之白。因為「見」的對象必是指客觀存在之具體物而言，而石之有白（或其他色）是一客觀事實，所以公孫龍如果要以目、火、神單獨不能成「見」以否定白與石盈之說，則必須先肯定目、火、神絕不能合以成「見」。而目、火、神之可以合而成「見」，是公孫龍及任何人所不能否認的。其次，目、火、神如不可以合而成「見」，則一切皆為不可知，一切皆不能說。因此，由目、火、神分而不能「見白」而得之「離藏」義不能破白與石盈之說。此其二。目、火、神既是可以合而成「見」，且能「見」石之有白（白不與石離），如此則目、火、神單獨不能成「見」之說是毫無意義的，此其三。由目、火、神單獨不能成「見」以言白「藏」而「離」，可與「白之自性」離具體之石而自存之說相發明，以極成「白之自性」自存之說，但是與認識論之「視不得其所堅而得其所白」之說相牴牾。此其四。（手、捶、神單獨不能知堅之說同此，不贅。）綜上可知，公孫龍由「見白」、「知堅」之不可能而得之離藏義，不但不能駁倒難者堅白盈於石之說，且前後立論不能一致。

就〈堅白論〉全文看來，公孫龍之立論不能破堅白盈之說，且自身立論有自相矛盾之病。但是這並不表示公孫龍之思想全無價值。中國人之心靈是具體的心靈，所以談思想說名理，總是把它與政治教化、人情事理，明體適用，混在一起而談。唯獨公孫龍的心靈具有「理智之俊逸」（說詳〈名實論〉），能自具體之事物與事理超越出來，對名理作抽離之解析，純名理地談名理。這是他的心靈與思想內容之特色及其價值之所在。公孫龍能由「殊相之石」之堅、白，進而把握「堅、白之共相」、「堅白之自性之自存」，這是他的創獲，富有新意與啟發性，只是他把他的獨見用以反駁具體存在之石與堅白相盈而為三之說是不妥的。他應擺脫其「認識論之堅白離」之說，並且放棄反駁具體之石上「堅白相盈」之企圖；而謹守住他的「堅白之自性之離藏義」，自是其所是，而不要去非其所非。如此，則更能顯示其思想之純淨性。

名實論

解題

春秋戰國時，周文疲憊，天下大亂，原有的各種制度與社會的結構都在解體中，這種客觀局勢大變的刺激，是促成當時學術界百家爭鳴的主要因素之一。雖說諸家學說「多得一察焉以自好」、「不賅不偏」為「一曲之士」，但亦「皆有所長時有所用」且在闡發其所見的過程中，時常自以為其道術即是「古人之大體」，因而總是自覺地或是習慣地有「法先王」的主張。他們常以其理想託諸先王，以示其思想之其來有自，並以此自重。甚至於反對或批評舊制度者，或是其學說完全是自己的創見而與古之道術無關者，亦有此種現象。所以我們只要觀其所法之先王為誰及其所稱述的先王之法為何，常可得其學說之旨趣所在，並且可以由此以判定其思想型態之層次與價值。

研究公孫龍子，從其各篇次第而言，應先通過〈名實論〉，而後再及他篇，才能有一個總持的瞭解。〈名實論〉篇末云：「至矣哉！古之明王，審其名實，慎其所謂。至矣哉！古之明王。」公孫龍一再地讚歎古之明王至矣哉，其所持的理由端在其能「審其名實，慎其所謂。」〈跡府〉云：「公孫龍，六國時辯士也。疾名實之散亂，因資財之所長，為守白之論。假物取譬，以守白辯。謂白馬為非馬也。……欲推是辯（按指白馬非馬之說），以正名實而化天下焉。」在公孫龍看來，古之名王是能

「審名實，慎所謂」以化天下的，但是到了六國時，周文疲憊，名實散亂。公孫龍有鑒於此，乃起而欲行先王之法——正名實，以化天下。〈跡府〉雖非出於公孫龍之手，但是如與他讚歎古明王之言相對照，則上所引〈跡府〉之言，亦是順理成章之論。）因此，「審名實慎所謂」（簡言之，即正名實。）實為公孫龍立論之旨趣之所在。公孫龍子各篇雖也接觸到名實與稱謂問題，但均只就某一特殊名實問題加以探討，至於完全以「名實」為主題，而作一個總論性地探究的，則是〈名實論〉。復次，除〈指物論〉外，白馬、堅白、通變各篇都是用對話，彼此論難的方式寫成，而〈名實論〉則是完全用直敘的方式，把個人對名實問題的見解加以闡述，並且把它擺在最後，有總結前面各篇意義之意。所以，〈名實論〉可以把它當作是公孫龍各種學說的通論或總論。因此，如欲瞭解公孫龍的思想旨趣，認識並判定其學說之層次與價值，必先通過〈名實論〉。而且透過〈名實論〉的瞭解，對前面各篇內容之瞭解及其接觸到的問題之釐清有很大的幫助。由此可知〈名實論〉在公孫龍子全書中之地位。以下試將〈名實論〉之原文逐句今譯，疏釋，並抉發其義蘊。

原文

天地與其所產焉，物也㈠。

【今註】㈠譚戒甫曰：「舊注：『天地之形及天地之所生者，皆謂之物也。』按：舊說極是。列子湯問篇：『天地亦物也。』莊子則陽篇：『天地者，形之大者也。』又達生篇：『凡有貌象聲色者皆物也。』夫天地之為物，以其形也；則凡天地之所生者，亦皆以其形為物。尹文子云：『牛則物之定形。』蓋牛馬皆物也，以其賦有此形也。」

【今譯】天地以及天地所產的一切東西，都是物。

【疏解】此開宗明義地為「物」下一定義。天地本身和它所生的，亦即天地及天所覆地所載的一切東西都是「物」。在這樣界定下的「物」，乃是指天地萬物而言。（《荀子・正名篇》云：「萬物雖眾，有時而欲徧舉之，故謂之物，物也者，大共名也。」）亦即在客觀世界具體存在之一切東西都是「物」。這是外延地為物下一界說。

原文

物以㈠物其所物㈡而不過㈢焉，實也。

【今註】㈠以：猶能也。「以」「能」古通用。下節「實以實其所實」之「以」字同此。㈡物其所物：上「物」字作動詞，下「物」字作名詞。物其所物，即物皆如其自己而為物之意。㈢過：即越出、溢出，離其自己之意。《易．大過》疏：「過，即過越之過，非經過之過。」

【今譯】一切物如能固持自己而為物，而不溢出自己，這「物自己」就是一切物的實質內容。

【疏解】此節言「物」之所以為「物」在「實」。所謂「實」乃是物所以為物之具體內容之泛稱。天有天的具體內容，地有地之具體內容。推之萬物亦無不有其所以為萬物之內容。甲物如自其內容溢出，亦即離其自己，則甲物就失去甲物之內容，亦即甲物不能如其自己而為甲物了。總之，凡物必有其實；有其實，則物能如其分而為物。例如：牛必有牛之實，有牛之實，則此物為牛。反之，牛如不能「物其所物」而過焉；如此，牛就不成其為牛了。故曰：「物以物其所物而不過焉，實也。」依此，「物」與「實」彼此互為既充足又必要之條件。詳言之，有物則有實，無物則無實；同理，有實則有物，無實則無物。故物與實為「等價關係」。依此，物即實，實即物，故公孫龍常以實代物，稱實即稱物。

原文

實以實其所實而㊀不曠㊁焉，位㊂也。

【今註】㊀而：王啟湘曰：「不曠上當有而字。」茲據補。㊁不曠：即不空、不虛之意。㊂位：

「位」非指物在空間所佔之位置而言，「位」有界域、界定之意，兼有名詞與動詞之詞性。〈堅白論〉云：「堅白域於石」之「域」為動詞。而此處之位，為具有動詞性之名詞。應作：「固有其實而不虛所呈現之態勢或特性」解。故此位字乃扣緊物之實，亦即物之內容而為言，非指物所佔有之空間。如君有君位，此君位乃由君之內容，君之實而定，而非指君所佔之空間而言。君有君所以為君之實，而君之實所呈現之態勢或特性，即為君之位。

【今譯】一切物實，如能固持其內容，而不空曠虛脫，則一切物實都能有其內容所呈現的態勢或特性，這就是物實的位。

【疏解】此節承上節，由「實」以界定「位」。凡物都有其實，物如不能固持其實，而失其內容，空曠其內容，則物必失其位。如君有君所以為君之實（內容），如君能固持其實，則君必有君之位，否則必不能「實其所實」而曠，而失其位，故曰：「實其所實而不曠焉，位也。」

綜上所述，失物之位，即失物之實，失物之實，則物失其為物。故公孫龍之意是：以實定物，以位定實。如此，物、實、位皆是就客觀具體存在之一切東西而得的概念。如分別言之，則「物」是客觀具體存在的一切東西的泛稱；「實」則是指內在於物之內容，或物之本質而言；「位」則是指由物實所呈現於外之態勢，狀況或特性而言。

原文

出其所位，非位。位其所位焉，正也。

【今譯】 若溢出了它應有的位，就不能算是它的位。居於應有的位，那才是得其位之正。

【疏解】 本節以「位」定「正」。萬物皆有其一定的內容，亦即皆有定實，有定實，故有定位。物如離其實所定的位，則物失其實。失其實，則物不成其為物。如此，物、實、位都不能得其正。這就叫做「非位」。反之，萬物如固持其實，而定於其本有之狀態，則一切物皆能得其正。故曰：「出其所位，非位。位其所位焉，正也。」〈堅白論〉云：「離也者天下，故獨而正。」其意是：天下萬物都是相離而獨立自存。物所以能離而獨立自存，乃是因為物皆有其自性，亦即皆有其內容，皆有其定實。物有定實，故能彼此不相混，不相泯。也因此萬物才能彼此相離而獨立自存。物能離、獨，則物能得其正。物能「位其所位」，即表示物能固持其內容，固持其自性而不與他物相混相泯。此即「離」即「獨」。物能離能獨，亦即物能位其所位，如此，則一切皆井然有序而不亂，天自為天，地自為地，君自為君，牛自為牛，馬自為馬……一切皆在其定位，這就叫做正。

原文

以其所正，正其所不正，疑㊀其所正㊁。

【今註】㊀疑：俞樾曰：「疑當讀如詩靡所止疑之疑。毛傳曰：『疑，定也。』」按：俞說是。定即貞定、固定、凝定之意。㊁胡適於「疑其所正」上，據〈經說下〉補「不以其所不正」六字，曰：「舊脫」。王琯、陳柱本皆據胡說補。伍非百則據馬繡繹史本補「以其所不正」五字。譚戒甫同伍氏，曰：「以其所不正」五字，諸本皆缺，茲據子彙本繹史增。據舊注，似亦有此五字，（按：謝注曰：「以正正於不正，則不正者皆正。以不正亂於正，則眾皆疑之。」）按以上諸說，雖皆持之有故，然於順通義理，則不若俞氏之以「定」訓「疑」為得其切要。且補字與否於義理皆不生大影響，故從俞說而不增補。

【今譯】以萬物固持其實所居的「正位」來糾正那些虛脫其實的「非位」，使其固定於其本位而得其正。

【疏解】上節以「位其所位」為正，而以「出其所位」為「非位」。「出其所位」是「位其所位」之否定，故「出其所位」而成之「非位」，即「位其所位」之「正」的否定。依此「非位」即「不正」之意。本節「正其所不正」之「不正」即指此「非位」而言。物如有「出其所位」而不得其「正」

時，當根據物的「位其所位」之「正」來加以糾正，使它凝定，固定於其本位以得其「正」。故曰：「以其所正，正其所不正，疑（定）其所正。」

原文

其正者，正其所實也。正其所實者，正其名也。

【今譯】這個正位的工作，就是要使物之實恰如其實。使物之實恰如其實，也正是貞定物之名，使物之名恰如其實。

【疏解】凡物皆有其實，能固持其實而不走失，則物能有其位而得其正。反之，如物不能固持其實，則物失其位而不能得其正。因此物之正與不正，關鍵完全在於「實」，所以要正物之不正，使它歸於其正而貞定不移，則必須自「正實」入手，故曰：「其正者，正其所實也。」自「正其所實」入手，以使「非位」者，復歸於其定位上，以得其「正」，只在提示如何「以其所正，正其所不正。」的原則。而這個原則的落實處則在「正名」。故曰「正其所實者，正其名也。」「名」是用以謂「實」的。而人用「名」以謂「實」時，可能與「物」之「實」、「位」相應相符而得其正，亦可能與「物」之「實」、「位」不相應而有出入。因此，用名以謂實時必須以「物」、「實」、「位」之「正」為依據；能與「物、實、位之正」相應相符，則「名」能得其「正」。前此的文字，只在為正名提供一理論上的依據；此後的文字，即在根據此原則以闡述如何「正名」的理論。

原文

其名正，則唯㈠乎其彼此㈡焉。

【今註】㈠唯：謝希深注曰：「唯，應辭也。」按：唯，諾也，應也。亦即相應、相符之意。㈡彼此：指客觀存在的此物、彼物；此實、彼實而言。謝希深曰：「謂施名，當於彼此之實。」

【今譯】物之名能夠恰如其實，則彼物之名就可以相應於彼物之實，此物之名也可以相應於此物之實。

【疏解】〈名實論〉曰：「夫名，實謂也。」「實謂」即「實之謂也」之省。故「名」（概念）是用以論謂或指謂「實」的，「名」既是用以謂「實」的，則原則上「名」應與客觀之物之實、位、正相應。如「名」不能與物之實、位、正相應，則為「出其所位」，為「不正」。如此則當據物之實、位、正來加以糾正（此即上文「出其所位，非位」。「以其所正，正其所不正。」「正其所實者，正其名也。」之意。）反之，如名能與客觀之物實如如相應、相符，則此名為能得其正。故曰：「其名正，則唯乎其彼此焉。」名應與實相應，只是一個最基本的原則。至於如何才算是名實相應，應如何使名與實相應等問題則詳下文。

原文

謂彼㈠而彼㈡不唯乎彼㈢，則彼謂不行；謂此而此㈣不唯乎此，則此謂不行。

【今註】㈠彼：指彼物彼實而言。㈡彼：指「論謂或指謂」彼物彼實之名而言。㈢彼：彼物彼實也。㈣謂此而此：各本皆作「謂此而行」，惟子彙本及繹史本作「謂此而此」。按：行字當為此字之譌，應據正。

【今譯】用彼名去指謂彼實，而彼名並不專應於彼實，則彼名不能採行；用此名去指謂此實，而此名也不專應於此實，則此名同樣不能採行。

【疏解】本節承上節：「其名正，則唯乎其彼此焉。」以辨別「謂物之名」之可行不可行。其意是：如果用一個「彼名」去指謂（或論謂）「彼實」，而這個「彼名」不能和它所指謂的「彼實」相應相當的話，那就不能用這個「彼名」去指謂「彼物」。故曰：「謂彼而彼不唯乎彼，則彼謂不行。」例如用「白馬」（彼名）這個「名」去指謂「黑馬」這個「物實」（彼實），則因為「白馬之名」與

「黑馬之實」有差異而不能相應相當，這就成了「謂彼而彼不唯乎彼」了。因此「白馬之名」就不可以拿來指謂「黑馬之實」了。同理，如果用「此名」去指謂「此實」，而結果「此名」不能和「此實」相應相當，那麼這個「謂此之名」就不能用以指謂「此實」了。故曰：「謂此而此不唯乎此，則此謂不行。」

原文

其以當㈠，不當也；不當而當㈡，亂也。

【今註】 ㈠其以當：即以「謂彼而彼不唯乎彼」、「謂此而此不唯乎此」為當之意。㈡不當而當：俞樾曰：「此本作不當而當，亂也。傳寫脫當字。下文云：以當而當，正也。兩文相對。」譚戒甫曰：「不當而當，各本皆缺下一當字，惟子彙本繹史本不誤，茲據正。」按：俞、譚之說是，今從之。

【今譯】 像上述那種名實出入的情形，有人以為那是妥當的，實際是不當的。以不當為妥當，這樣，用名就會亂了。

【疏解】 此節順上文作一批判。如果把不能與物實相應的「不行之名」，強認為其能與物實相應相當，這是不當的看法，故曰：「其以當，不當也。」這樣把不當於實之名，亦即把「不行之名」認為是「可行之名」的說法既是「不當」的，如果把它看成是妥當的，這就要造成亂用「名」的現象了。故曰：「不當而當，亂也。」例如：用「白馬」這個名去指謂「黑馬」這個實是不當的，如果認為以「白馬之名」去指謂「黑馬之實」是妥當的，那就要造成「白馬是黑馬」這種亂名之說了。如此，「名」就不得其正了。因此，正名必須從「名與實應」做起（其名正，則唯乎其彼此焉）。

原文

故彼㈠彼㈡當㈢乎彼㈣，則唯乎彼㈤，其謂㈥行彼㈦；此此當乎此，則唯乎此，其謂行此。

【今註】㈠彼：作動詞，即以「彼名」指謂「××實」之意。㈡彼：名詞，指彼物、彼實而言。㈢當：恰當而無出入之意。㈣彼：亦指彼物、彼實而言。㈤彼：同上。㈥其謂：即以「當乎彼之名」指謂「彼實」之意。㈦彼：亦指彼物、彼實而言。

【今譯】用以指謂彼實的彼名，若與彼實恰當而無所出入，則彼名相應於彼實；彼名既然相應於彼實，則用彼名來指謂彼實是妥當而可行的。同理，用以指謂此實的此名，若與此實恰當而無所出入，則此名相應於此實；此名既然相應於此實，則用此名來指謂此實是妥當而可行的。

【疏解】上面說明何謂「不行之名」，本節則反過來說明何者為「可行之名」。其意是：如果用「彼名」來指謂或論謂「彼實」，而能與「彼實」相當（無出入），這就表示這個「彼名」可以和「彼實」相應。既可相應，則用這個「彼名」來指謂「彼實」是妥當可行的。故曰：「彼彼當乎彼，則唯乎彼，其謂行彼。」同理，如果用「此名」指謂「此實」，而能與「此實」相當，則「此名」可以和「此實」相應，既可相應，則用「此名」來指謂「此實」亦是妥當可行的。故曰：「此此當乎此，則唯乎此，其謂行此。」例如：用「白馬」這個「名」去指謂「白馬」這個「實」，而不是去指謂「馬」這個「實」，則此「白馬之名」就與「白馬之實」恰當而無出入，這表示「白馬之名」可與「白馬之實」相應，那麼，用「白馬」之「名」指謂「白馬」之「實」就是妥當而可行的。

原文

其以當而㈠當，以當而當，正也。

【今註】㈠而：猶為也。

【今譯】能如此，則是以當於實之名為當，以當於實之名為當，這便得名之正。

【疏解】此順上文對「可行之名」作一判斷，認為它合乎「正名」之原則。其意是：上面所說的「彼彼當乎彼，則唯乎彼，其謂行彼。」是以當於「實」之「名」為當。以「當於實之名」為「當」，名就能得其正了。故曰：「其以當而當，以當而當，正也。」依此，公孫龍的正名，只在求「名」與「實」應，「名」與「實」當。換言之，能「名」符其「實」，就算是「正名」了。

原文

故彼彼止於彼㈠，此此止於此，可；彼此而彼且此㈡，此彼而此且彼，不可。

【今註】㈠彼彼止於彼：首一「彼」字為動名詞，即以「彼名」指謂××之意。其餘二「彼」字皆指「彼實」而言。止，「僅止於××而不及其他」之謂也。㈡彼此而彼且此：首一「彼」字亦為動名詞，即以「彼名」指謂××之意。二「此」字皆指「此實」而言。第二「彼」字為「彼實」。「且」字與上「彼彼止於彼」之「止」字為反義字，「且及於××」之謂也。

【今譯】所以若用彼名指謂彼實，而且彼名僅止於指謂彼實；用此名指謂此實，而且此名僅止於指謂此實，則這樣的彼名及此名都是可用之名。反之，如用彼名指謂此實，則彼名既可指謂彼實而且可指謂此實；同時用此名去指謂彼實，則此名除可指謂此實之外又可指謂彼實，這樣的彼名與此名是不可用之名。

【疏解】 上文說明「正名」須「名」與「實」當。此節則進一步要求「名」之專當於「實」而不可有歧義。其意是：如果用「彼名」去指謂「彼實」而且它（彼名）僅止於指謂「彼實」；用「此名」去指謂「此實」，而且它（此名）僅止於指謂「此實」而不及於他實。如此，則這樣的「彼名」「此名」是可用之名。故曰：「彼彼止於彼，此此止於此，可。」相反的，如果用「彼名」去指謂「此實」，則此「彼名」既可以指謂「彼實」而且可以指謂「此實」，同樣的，如果用「此名」去指謂「彼實」，這樣一來，這個「此名」除了可以指謂「此實」之外，同時又可指謂「彼實」。這就表示同樣一個名，同時可以指兩個（當然亦含兩個以上）不同的「實」了。這在公孫龍看來是不可以的。故曰：「彼此而彼且此，此彼而此且彼，不可。」例如：以「白馬」之名指謂「白馬」之「實」，而且僅止於指謂「白馬之實」而不用它（白馬之名）再去指謂「他實」，這是可以的。相反的，如果以「白馬」之名，去指謂「馬」時，則「白馬」之「名」除了指謂「白馬」之「實」外，同時又可指謂「馬」之「實」了。這在公孫龍看來是不可以的。所以他以為「白馬」之「名」只能用來指謂「白馬」之「實」，如果「白馬」之「名」除了指謂「白馬」之「實」外，又可指謂「馬」之「實」，這就是亂名了。因此，他為了要正名——「名」與「實」專當起見，特主張「白馬」非「馬」，以破斥「白馬」是「馬」之亂名。因為「白馬是馬」正犯了「彼此而彼且此」之毛病。

按：人類主觀所造作之「名」，是用以指謂客觀存在之「物實」的，而客觀之「物實」必須「物其所物而不過」，「實其所實而不曠」方能得其「正」。故「名」亦應「名其所名而不過」。「彼彼止於彼，此此止於此」，這是「名」之能「名其所名而不過」；故曰：「可。」「彼此而彼且此，此彼而此且彼」，則是名不能止於「名其所名」而過焉，故曰：「不可。」

上言「名」應與「實」相應，相當，亦即「名」應與「實」相符；此言「名」應專當於「實」而不可有歧義；這「名與實當」及「名專當於實」是公孫龍正名的兩大原則。

原文

夫名，實謂也㈠。知此之非此也㈡，知此之不在此也㈢，則㈣不謂也。知彼之非彼也，知彼之不在彼也，則不謂也。

【今註】㈠夫名實謂也：「實謂」即「實之謂」之意。增一之字，則語意立顯。然「實謂」亦可作「謂實者也」解。意即「名」乃用以指謂「實」者。㈡知此之非此也：此句各本皆作：「知此之非也。」俞樾曰：「此當作『知此之非此也，知此之不在此也，則不謂也。』兩文相對，可據以訂正。」按：俞說是，茲據正。又按：「此之非此也」即上文：「謂此而此不唯乎此」之省改，文義相通（說詳下疏）。下「知彼之非彼」同此，不贅。㈢此之不在此也：此句為上文「此彼而此且彼」之省改。

語意相通（說詳下疏）。下「彼之不在彼也」同此。㊃則：各本皆作明，茲據俞樾之說校改。

【今譯】名乃用以指謂實的。假使知道此名所指謂的不是此實，或是假使知道此名既可指謂彼實又可指謂此實，就不可用這種「此名」了。同理，假使知道彼名所指謂的不是彼實，或是假使知道彼名也既可指謂此實又可指謂彼實，就不可用這種「彼名」了。

【疏解】本節承上言不合乎正名之兩大原則之「名」，不可用以稱謂「實」。依公孫龍之意，名是「實之謂」，亦可說「名」是用以謂「實」的。依此「名」之產生及使用皆應以「實」為依歸。有「此實」而後有「此名」，有「此名」是為了要指謂「此實」的，因之，「名」應與所指謂的「實」相應。如果「牛」這個「名」所指的竟非「牛」之「實」，或是牛之名與牛之實不能相應的，這就成了「此之非此」。所以「此之非此」亦即前面所說的「謂此而此不唯乎此」。復次，「此名」本來是用以指謂「此實」的，如果「此名」又可以用來指謂「彼實」的話，則「此名」不僅可以用來指謂「此實」，而且又可以用來指謂「彼實」，這就表示「此名」不僅可用在「此實」上，又可用在「彼實」上，這就成了「此之不在此」（不在，即不僅在，不專在之意。）依此，則「此之不在此」亦即前面所說的「此彼而此且彼」了。「此之非此」表示「此名」不能指謂「此實」，而名是用以謂實的，故「此之非此」這種「名」就不能用來指謂「實」。「此之不在此」又表示「名」不能「名其所名而不過焉」，凡物實均需「物其所物而不過，實其所實而不曠」方能得其正。而「名」既是用以謂「實」，故「名」亦應「名其所名而不過焉」才行。因此「此之不在此」之「名」，亦不能用來謂

「實」。故曰：「知此之非此也，知此之不在此也，則不謂也。」下「知彼之非彼也，知彼之不在彼也，則不謂也。」義同此，不贅。由此看來，本節只在重複強調正名的兩大原則——名實要相應、名要專當於實——以作結，而無新義。關於名實問題的理論，至此告終。底下所說的話，只是將自己的理想託諸先王，壯壯聲勢而已。

原文

至矣哉！古之明王。審其名實，慎其所謂。至矣哉！古之明王㊀。

【今註】㊀謝希深注曰：「公孫龍之作論也，假物為辯，以敷王道之至大者也。夫王道之所謂大者，莫大於正名實也。仲尼曰：『唯名與器，不可以假人。』然則名號器實，聖人之所重慎之者也。名者，名於事物，以施教者也。實者，實於事物，以成教者也。夫名（夫本作失，茲據王啟湘、陳柱之說改。），非物也。而物無名，則無以自進矣。物非名也，而名無物，則無以自明也。是以名因實而立，實由名以通。故名當於實，則名教大行，實功大舉。王道所以配天而大者也，是以古之明王，審其名實，而慎其施行者也。」

【今譯】真是了不起啊！古代英明的君王。他們都是審辨名實，謹慎論謂的呀。真是了不起啊！古代英明的君王。

【疏解】名實論的主要內容有二：一是為「名」，「實」下一個簡單定義，並說明兩者之關係。一是說明「正名」之原則，以作為用名謂實的依據。如果不能瞭解名、實之分際，又不能依正名原則使用名謂，則必造成名、實之乖亂。為了「正名實而化天下」（〈跡府篇〉語），公孫龍特於文末揭櫫「審名實，愼所謂」以作為〈名實論〉點睛之筆。並且為了強調它的重要性，一再地以之歸美古之明王。以自己之理想託諸先王，本是先秦諸子的共同習慣。所以「審名實，愼所謂」，不僅是〈名實論〉立論的主旨，而且是公孫龍全部學說旨之所在。

先秦諸子之學說，雖然彼此互異，甚至有大相逕庭的地方。但是，他們立論卻有一個共同的依歸，此即教化是也。公孫龍也許自覺或不自覺地以為他的學說有助於教化，就如〈跡府〉所說的「欲推是辯，以正名實，而化天下焉。」但是就今存的公孫龍子看來，公孫龍所談的是「純名理」；他是形式地，抽象地談名理，而不牽連著教化來談名理。所以如就教化問題內容地、具體地去瞭解公孫龍思想是有欠妥貼的。而謝注率多牽連著教化問題來解釋它，這是不相應的。

【餘論】現存公孫龍子每篇皆有其獨特之內容，表面看來，彼此並無關聯性。其實，公孫龍全部學說是有其共同依歸的，此即〈名實論〉「審其名實，愼其所謂」是也。〈白馬論〉的「白馬非馬」之說，〈通變論〉的「變與不變」之理，〈堅白論〉的「堅白離」，〈指物論〉的「物莫非指，而指非指」，以及〈名實論〉所談的「名實」問題，都是「審名實，慎所謂」的具體表現。換言之，「審名實，慎所謂」是公孫龍子各篇所以作的指導原則。

復次，「審名實，慎所謂」的最終目的，或許就如〈跡府篇〉所說的有「正名實以化天下」的意味，但是就公孫龍子的全部內容看來，則與政教無關，公孫龍是以另一種心靈來談異於傳統的一種新學問。而這一點是當時諸子及後來的人所不能確切理解的。故公孫龍的心靈型態及其學問的性質與價值，在歷史上不但沒有得到應有的承認與評價，而且還蒙受了不白之冤。關於這一點，唯有牟宗三先生能加以辨明。故底下擬抄錄其「公孫龍子之名理」一文中有關此一問題的文字，以見公孫龍的心靈型態及其學問所應得的評價，並作為本文之結束。

* * *

「自春秋戰國以來，貴族政治漸趨崩解，周文疲弊，禮樂不興，名實多乖，名器多濫，故易引發人注意名實問題也。然直就政治而言政教方面之名實問題，則始於孔子之正名，並發展為儒家之春秋教；以政教方面之名實乖亂為現實之緣，引發而更一般化抽象化之純名理之辯，則始於戰國時之名家，惠施、公孫龍其選也，墨辯繼之，而以荀子之正名篇為殿。故公孫龍之歸贊明王，亦只明其純名理之辯之現實因緣，並明其純名理之辯亦有實用之意義而已。名家之本質的意義實在其能進一步而為純名理之談也。由現實之因緣解放而為一般化抽象化之名實，純名理地談之，不為政教方面之名實所限，此則更顯『理智之俊逸』。公孫龍之名實論即名家名理意義之名實之典型也。然後之論名家者，概從孔子之正名說起，以現實因緣為本質，而於名家內部名理之辯則大都視為『苛察繳繞』『怪說琦辭』，不復知有名理之境，亦不復能欣賞其『理智之俊逸』也。是則既失名家之所以為名家，亦失孔子言正名之發展為春秋教之義也。孔子之言正名，不只被藉以徒為名家之現實因緣，其本身即有其本質之引發，此即單言政教方面之名實，滋長壯大，發展成熟，而為儒家之春秋教也。孔子固非名家。儒家亦非純名理之談者。然而其直就政治而言政教方面之名實，特顯價值判斷之名實而為春秋教，則是儒家客觀精神之表現，亦即道義之客觀地建立或名理地建立，此則固有其本質之意義，亦顯儒家『道德之莊嚴』。故孔子之正名若只牽引而為名家之現實因緣，復以此現實因緣為名家之本質，則既失名家理智之俊逸，亦失春秋教道德之莊嚴。茲判而分之，儒、名兩得，義、智雙彰，而於政教方面之名實，則只視為名家之現實因緣，而非其本質，如是苛察繳繞之譏，怪說琦辭之責，亦可以不作矣。故春秋時代孔子之正名實乃向兩路發展：一是發展而為儒家之春秋教，義道之建立；一是稍後發展而為名家之純名理，名理域之開闢。此兩者絕不能混為一說。不幸後之記載學術流派之史家全不瞭解此中之分別，全無瞭解『名理域』之獨立意義之能力。遂只以籠統之『正名實』說名家，而於『名理域』之名理則視為苛察繳繞而泯沒之，如是則名家之所以為名家全不顯，而於儒家道德之莊嚴與名家理智之俊逸遂亦兩俱失矣。」

主要參考書目

《今本公孫龍子集校》，何啟民集校；載何啟民著：《公孫龍與公孫龍子》一書，中國學術著作獎助委員會出版，學生書局
王啟湘：《公孫龍子校詮》，世界書局
王琯：《公孫龍子懸解》，中華書局
金受申：《公孫龍子釋》，商務印書館
譚戒甫：《公孫龍子形名發微》，世界書局
陳柱：《公孫龍子集解》，商務印書館、河洛圖書出版社
徐復觀：《公孫龍子講疏》，學生書局
陳癸淼：《公孫龍子疏釋》，蘭臺書局
陳癸淼：《墨辯研究》，學生書局
何啟民：《公孫龍與公孫龍子》，學生書局
胡道靜：《公孫龍子考》，商務印書館
錢穆：《先秦諸子繫年》，香港大學出版社
牟宗三：《名家與荀子》，學生書局

虞愚：《中國名學》，正中書局
勞思光：公孫龍子「指物論」疏證——〈先秦名學闡要之一〉香港崇基學報六卷一期（一九六六年）

公孫龍子今註今譯

主編◆中華文化復興運動推行委員會（國家文化總會）
國立編譯館中華叢書編審委員會
註譯者◆陳癸淼
發行人◆施嘉明
總編輯◆方鵬程
執行編輯◆葉幗英 徐平
校對◆趙蓓芬 鄭秋燕
美術設計◆吳郁婷

出版發行：臺灣商務印書館股份有限公司
臺北市重慶南路一段三十七號
電話：（02）2371-3712
讀者服務專線：0800056196
郵撥：0000165-1
網路書店：www.cptw.com.tw
E-mail：ecptw@cptw.com.tw
網址：www.cptw.com.tw

局版北市業字第 993 號
初版一刷：1986 年 1 月
二版一刷：2013 年 10 月
定價：新台幣 350 元

ISBN 978-957-05-2878-7（精裝）

公孫龍子今註今譯／陳癸淼註譯；國立編譯館
中華叢書編審委員會、國家文化總會主編.
--二版. -- 臺北市：臺灣商務，2013. 10
面；　公分

ISBN 978-957-05-2878-7（精裝）

1. 公孫龍子　2. 注釋

121.541　　102018003

廣 告 回 信
台 北 郵 局 登 記 證
台北廣字第04492號
平 信

10660
台北市大安區新生南路3段19巷3號1樓
臺灣商務印書館股份有限公司 收

請對摺寄回，謝謝！

傳統現代　並翼而翔

Flying with the wings of tradtion and modernity.

讀者回函卡

感謝您對本館的支持，為加強對您的服務，請填妥此卡，免付郵資寄回，可隨時收到本館最新出版訊息，及享受各種優惠。

■ 姓名：＿＿＿＿＿＿＿＿＿＿＿＿ 性別：□ 男 □ 女

■ 出生日期：＿＿＿＿年＿＿＿＿月＿＿＿＿日

■ 職業：□學生 □公務（含軍警）□家管 □服務 □金融 □製造
□資訊 □大眾傳播 □自由業 □農漁牧 □退休 □其他

■ 學歷：□高中以下（含高中）□大專 □研究所（含以上）

■ 地址：＿＿＿＿＿＿＿＿＿＿＿＿＿＿＿＿＿＿＿＿
＿＿＿＿＿＿＿＿＿＿＿＿＿＿＿＿＿＿＿＿＿＿＿＿

■ 電話：(H) ＿＿＿＿＿＿＿＿＿＿ (O) ＿＿＿＿＿＿＿＿＿＿

■ E-mail：＿＿＿＿＿＿＿＿＿＿＿＿＿＿＿＿＿＿

■ 購買書名：＿＿＿＿＿＿＿＿＿＿＿＿＿＿＿＿＿＿

■ 您從何處得知本書？
□網路 □DM廣告 □報紙廣告 □報紙專欄 □傳單
□書店 □親友介紹 □電視廣播 □雜誌廣告 □其他

■ 您喜歡閱讀哪一類別的書籍？
□哲學・宗教 □藝術・心靈 □人文・科普 □商業・投資
□社會・文化 □親子・學習 □生活・休閒 □醫學・養生
□文學・小說 □歷史・傳記

■ 您對本書的意見？（A/滿意 B/尚可 C/須改進）
內容＿＿＿＿編輯＿＿＿＿校對＿＿＿＿翻譯＿＿＿＿
封面設計＿＿＿＿價格＿＿＿＿其他＿＿＿＿＿＿＿＿

■ 您的建議：＿＿＿＿＿＿＿＿＿＿＿＿＿＿＿＿＿＿
＿＿＿＿＿＿＿＿＿＿＿＿＿＿＿＿＿＿＿＿＿＿＿＿

※ 歡迎您隨時至本館網路書店發表書評及留下任何意見

臺灣商務印書館 The Commercial Press, Ltd.

台北市106大安區新生南路三段19巷3號1樓 電話：(02)23683616
讀者服務專線：0800-056196 傳真：(02)23683626
郵撥：0000165-1號 E-mail：ecptw@cptw.com.tw
網路書店網址：www.cptw.com.tw 網路書店臉書：facebook.com.tw/ecptwdoing
臉書：facebook.com.tw/ecptw 部落格：blog.yam.com/ecptw